Jean-Bernard Papi

Retour à Béni Farès

AF523101

Jean-Bernard Papi

Retour à Béni Farès

(Le feu)

Éditions Muse

Cover image: www.ingimage.com

Publisher:
Éditions Muse
is a trademark of
Dodo Books Indian Ocean Ltd., member of the OmniScriptum S.R.L Publishing group
str. A.Russo 15, of. 61, Chisinau-2068, Republic of Moldova Europe
Printed at: see last page
ISBN: 978-620-2-29923-7

Retour à Béni Farès

(Le feu)

Roman.

Jean-Bernard Papi
23 rue Cabaudière
17100 Saintes
0546741775
papi.jeanbernard@neuf.fr

Roman entièrement imaginaire. Tous les personnages sans exception sont fictifs, heureusement.

Qui a entendu la voix de Dieu pour s'en faire le porte-parole, puis le procureur ?
Kamel Daoud.

À Mohamed W. enseignant, en toute amitié ;

Préambule.

On s'entretua dans les montagnes Zebzeb, au nord d'Esperanza. L'évènement eut lieu il y a une cinquantaine d'années. Tueries que certains journalistes d'Esperanza, mal informés, qualifièrent à tort, de guerre de religion. Ce fut, en réalité, une guerre de conquête. L'impuissance endémique de l'Etat espéranzais à se défendre fut mises à profit par le gouvernement de Tenebra, pays voisin, pour l'envahir sous le prétexte fallacieux que les Espéranzais étaient des mécréants qu'il fallait convertir. Ce point de vue propagé et encouragé par les prêtres de Tenebra faussa notablement l'opinion des journalistes de tous bords. Il faut dire que dans Tenebra la religion primait sur tout et on adorait d'autant mieux le dieu local, un barbu (qualifié par ses adorateurs de « Vrai Dieu ») que celui-ci flanquait à ses fidèles de sévères coups de triques plusieurs fois l'an. « S'Il nous punit c'est qu'Il nous aime ».

Profitant d'une tempête au large, c'était une vague géante qui ratiboisait, en une nuit, le plus grand des ports maritimes de Tenebra. Une autre fois c'était un tremblement de terre de force sept qui démolissait aux trois-quarts sa capitale El Moca. Parfois c'étaient des inondations qui se combinaient avec une épidémie de choléra ou avec une invasion de sauterelles venues de l'extrême Sud, lesquelles dévoraient les récoltes qui n'étaient pas sous l'eau. Les habitants avaient beau faire pénitence et jeuner un jour sur deux ce n'était jamais suffisant et ils lorgnaient d'un œil envieux les Espéranzais qui se la coulaient douce de l'autre côté des montagnes. Mais de l'avis général, et de celui des journalistes espéranzais, Tenebra, écrivaient-ils, méritait bien ses ennuis ce qui déclenchait immanquablement la colère des Ténébrais et entraînait le rappel de leurs ambassadeurs pour consultation et riposte éventuelle.

Un dernier mot : le pays Esperanza, capitale Constantz (écrit parfois Constantza à l'américaine), existe bel et bien, inutile de le rappeler. Son territoire est presque essentiellement composé de montagnes et de déserts caillouteux. Seule une bande de terre proche de la mer est fertile et par conséquent très peuplée. À cette époque son gouvernement, faible et pusillanime confiait ses usines, ses théâtres, ses chemins de fer et la défense du pays à une bande d'incapables regroupés sous le terme vague de la Compagnie. Nous reparlerons d'elle moult fois.

Faisons maintenant un zoom rapide vers une petite communauté esperanzaise nommée Béni Farés, dont l'existence, parce qu'il y règne une forte cohésion sociale, est paisible à défaut d'être généreusement pourvue en biens de toutes sortes. Au moment où nous zoomons sur ce village un vieil avion, un « coucou estropié » selon l'argot des mécaniciens de la Compagnie, est en train de se poser dans un champ proche.

Faisons connaissance avec son passager, un étranger au village, donc un élément perturbateur, forcément. Prénommé Damien - son nom de famille n'a aucune importance car il n'eut pas d'héritiers-, ce passager, parce qu'il sera comme un renard enfermé dans un poulailler, provoquera involontairement la destruction de cette communauté. Une bavure en quelque sorte pour dire les choses autrement.

Il ne fut, cependant, pas le seul responsable.

1

Donc, les habitants de Béni Farès, tout comme nous, observèrent, en ce jour haïssable, un avion monomoteur appelé Ronfleur qui se posait sur ce qu'il faut bien désigner comme une piste d'atterrissage rudimentaire. Une bande de terre à peu près plate, hirsute d'alfa et de ronces et encombrée de cailloux où habituellement paissent les moutons et les chèvres du village. L'avion en question avait fait des ronds, trois ou quatre, au-dessus des maisons pour prévenir de son arrivée afin que l'on fasse déguerpir les troupeaux. Ce qui avait permis aux habitants de constater, grâce aux peintures qui constellaient ses flancs et ses ailes -une croix potencée rose avec en son centre un soleil bleu- qu'il appartenait bien à la Compagnie. Un emblème, dessiné par les élèves du cours moyen première année d'un quartier chic d'Esperanza, qui signifiait : « La crucifixion en rose est mon soleil ». Incompréhensible même pour un lettré. Cette Compagnie ne leur était pas inconnue car elle avait aménagé, le mois précédent, une maisonnette luxueuse destinée au futur Chef de camp d'aviation de Béni Farès. Ali, fils d'un chef précédent et responsable de cette communauté, seul habitant à avoir séjourné dans la capitale, et de ce fait au courant des usages, fut délégué afin d'accueillir le visiteur.

Avant de continuer, sachez encore que Béni Farès est un village misérable recroquevillé autour de son puits, isolé sur le plateau des Chèvres, canton médiocre et misérable au plan des contributions à l'impôt, appartenant à une province archi pauvre appelée Lupus. La vingtaine de masures qui constitue le village est plus isolées du monde que ne l'était l'île du Diable du capitaine Dreyfus ; le bled le plus proche est à deux jours de marche. Mater, un port important vers l'ouest, pour sa part se trouve à une nuit de camion comme nous le verrons plus loin.

Rebondissant, tanguant, écrasant les taupinières, le « Ronfleur », se posa donc sur la piste de Béni Farès. Arrivé au milieu de cette piste, dans un grand bruit d'hélice et de ferrailles s'entrechoquant, il fit demi-tour puis s'immobilisa moteur tournant -tap tap tap-, prêt à redécoller. Son passager s'extirpa alors de la cabine avec précaution afin d'éviter les griffes douloureuses des fils de fer. Les fils de fer, dans la Compagnie, semblaient être l'élément de base de la réparation mécanique. Et puisque nous en sommes à la description de l'appareil, je ferai mon petit Honoré de Balzac en ajoutant que des longueurs de ce fil de fer (recuit et de diamètre 0,9mm) maintiennent aussi les hublots à la carlingue, la poignée de porte à la porte, l'antenne radio à n'importe quoi de proche. Ils maintiennent aussi en place la trousse de premier secours et les sièges au plancher sans que personne n'y trouve à redire. « On rafistole disent les mécaniciens avec ce que l'on a sous la main de pas cher. » « Et ça marche très bien », ajoutent les directeurs financiers.

À l'instant où le passager du Ronfleur pose le pied sur la terre aride de Béni Farès, une bouffée de chaleur, à faire exploser une pastèque dans son emballage de polystyrène, le cueille au menton avec la violence d'un uppercut. Il titube sous le choc et fait un effort pour respirer l'air épais qui semble avoir mariné dans la gueule d'un volcan. Le pilote, un gros quinquagénaire, crasseux et mal embouché, qui barbote dans sa combinaison de vol trempée de sueur, d'une main gauche potelée et enrichie de bagues en métal doré lui fait signe d'accélérer ses manœuvres de débarquement. Il ne tient pas à passer la nuit sur place et il le fait savoir. Il craignait par-dessus tout, que le vieux moteur qui tourne au ralenti -tap tap tap-, cale ou pire dans un dernier tap tap l'abandonne dans cette antichambre de four crématoire. La dextre crispée sur la manette des gaz (avec fil de fer), il suit les mouvements de son passager d'un œil renfrogné tout en bougonnant des phrases hachées « de merde » et « de con ». Toutes concernent la piètre qualité de la vie dans les bleds de province, en général. Car il en a vu des bleds pourris durant sa longue carrière de chauffeur, que ce soit ici ou dans les pays voisins.

– Nom de dieu ! grouille-toi, râle-t-il, j'ai les couillons qui barbotent dans la flotte, merde.

Le passager ne répond pas mais serre les dents d'agacement. Il se promet qu'à son retour à Constantz, il informera le Directeur Michon des mauvaises manières de son chauffeur. Outre que cet avion représente la Compagnie et la civilisation chez les indigènes, lui-même n'est pas n'importe qui. Il vient en mission officielle tenir ici, à Béni Farès, un poste important et il a droit à un minimum d'égards, presque autant qu'un président d'association sportive, quoi merde ! Mais le chauffeur qui se moque de ce que Damien pense, estime maintenant que l'heure est venue pour lui de rentrer à la maison et il lui fait signe de s'éloigner de son avion. Si ça n'avait tenu qu'à lui, il aurait volontiers parachuté ce gros passager dans la pampa. On saute très bien en parachute depuis le Ronfleur à condition de savoir éviter l'aile et toute la quincaillerie de tubes, fils de fer, et protubérances diverses qui émergent ici et là comme autant de fleurs des champs en bord de route. On connaît de nombreux cas de réussite. Une fois au sol, il lui suffisait de prendre la direction de l'est. Si l'on compare ce bled qui n'a même pas de bar en bord de piste -c'est précisé sur une circulaire administrative- avec le vaste aérodrome de la Compagnie d'où ils sont partis il y a six bonnes heures, on peut dire qu'ici il n'y a rien, rien de rien, nada. Alors que là-bas, à Constantz, la bière est fraîche et il y a suffisamment de ventilateurs pour tout le monde.

Ce passager, lorsqu'il s'est présenté pour embarquer, lui a fait l'effet d'un de ces idiots typiques de la nouvelle génération d'énarques à qui l'on a tout donné sans qu'ils prennent même la peine d'exprimer un souhait. Par exemple cette moto trial Yamaha et cette montre Rolex que les jeunes garçons d'aujourd'hui se voient offrir pour un simple baccalauréat réussi. Ignoble. Pour les filles, la tradition est respectée et on leur offre leur trousseau de future mariée et un abonnement à Elle, pour une licence obtenue en n'importe quoi, biologie, musique ou physique quantique... Il n'invente rien, c'est ce qu'on dit à la télé. Lui, c'est tout juste s'il sait lire. Il n'en a que plus de mérite d'être chauffeur dans la Compagnie. Ce qui explique qu'il n'en a rien à foutre du passager, un ahuri un peu trop enrobé de lard qui joue les jolis cœurs en chemise hawaïenne et lunettes Ray Ban. En aparté, il ne peut s'empêcher de penser que c'est un fameux gland de venir s'enterrer ici. Car on est à une portée de canon des rebelles de Tenebra, ces envahisseurs, des voyous sans humanité, qui sont planqués dans la montagne comme des rats dans une meule de gruyère. Ils déclarent à tous les vents par la voix de leur chef, le super mollah Maboul vice-ministre des armées, « Qu'ils veulent que ça change dans Esperanza ! » Comme tout le monde direz-vous, mais tout le monde ne brandit pas un pistolet mitrailleur cubain en guise d'argument. Certains parmi les membres du gouvernement de Tenebra et la totalité de leur clergé voudraient également imposer leur Dieu, le barbu, car, disent-ils, lui seul sait séparer « les vraies perles des fausses et les vrais diamants des pierres de synthèse ».

Il se rappelle aussi, au moment de remettre les gaz, qu'il devra faire tout à l'heure un virage serré pour survoler la montagne et photographier leur camp, conformément à la demande du service de renseignements de la Compagnie. Et du général Bignard qui commande tout le monde. Respect. Une jolie dame qui faisait une moue de dégoût et force gestes explicites, a raconté à la télé hier au soir, aux infos de vingt heures, que tels des serpents puants, ces rebelles s'entassaient pour se sodomiser à cinquante dans des trous creusés dans les premiers contreforts de la montagne. Quelle horreur ! Montagne qu'il aperçoit au fond de l'horizon. Ils pourraient faire ça, ces saligauds, a-t-il pensé alors, dans des troncs d'arbre, dans des urinoirs ou dans un chalet tyrolien, voire dans des camping-cars, que ça ne lui ferait ni chaud ni froid et surtout ne changerait rien à sa mission d'aujourd'hui. L'appareil photo allemand niché sous le fuselage prendra autant de clichés qu'il pourra, jusqu'à ce qu'il tombe en panne, comme d'habitude, vers la quinzième prise de vue. Il se dit avec un soupir triste et une crispation de l'estomac, qu'il est bien courageux d'avoir accepté cette mission photo, car les rebelles peuvent lui tirer dessus comme sur un perdreau du jour. Dès qu'il sera posé à Constantz, il fera une demande pour avoir une médaille. Celle avec un ruban jaune et une croix potencée argentée en amiante-ciment, c'est la seule qu'il n'a pas.

2

Les rebelles en question sont venus de Tenebra, l'état voisin, chacun sait ça, inutile de le répéter. Un état mondialement réputé pour servir de décharge depuis vingt ans et moyennant rétribution, à tous les détritus ménagers et rebuts industriels de la planète. Avant l'arrivée des premiers tankers chargés jusqu'aux bordages de sacs poubelles, c'était un endroit très vallonné et montagneux avec des pics de mille mètres au moins pour les plus hauts. Aujourd'hui, en application des idées de génie de leur président à vie, c'est devenu une plaine d'altitude. Ce qui a permis au moins de lutter contre les inondations en comblant la plupart des cours d'eau. En revanche les mouches et les rats y pullulent. Sous prétexte qu'ils sont maintenant à l'étroit dans leur pays et qu'une tranche de la chaîne montagneuse Zebzeb faisait partie de Tenebra il y a cinq-cents ans, du temps de l'émir Jasmin le pieux (1512-1580), également surnommé Jasmin le sodomite par ses zélateurs, ils sont entrés sans tambour ni trompette mais très correctement armés dans Esperanza. Pour les élites Espéranzaises, hauts fonctionnaires et journalistes surtout, ce sont d'abord des pillards et des vauriens au vu des ennuis qu'ils causent à la population en général, et à la Compagnie chargée de les reconduire chez eux, en particulier.

– Ce sont des voleurs et rien d'autre, certainement pas des individus martyrs ou socialement opprimés, a claironné Mercuro, le Président d'Esperanza, un ancien directeur des supermarchés « Loterie ».

Un journaliste de Tenebra leur a donné le nom de rebelles parce qu'ils avaient un chef religieux, un prophète, qui se nommait El Rabal, dit « l'illuminé », et que rebelle sonnait mieux à l'oreille que les noms dérivés, comme rabalais, rabalain ou rabalou voire rabalot. Le nom est resté même si El Rabal « l'illuminé » figura parmi les premiers morts du premier accrochage à la frontière d'Esperanza. Tenebra en fit un saint martyr célébré dans toutes les écoles plusieurs fois par mois. De rebelles ils n'ont que le nom, même si en signe de reconnaissance ils portent leur casquette à l'envers et arborent une barbe touffue comme leur dieu. Pour l'Organisation des Nations Unies et son secrétaire outré par leur sans-gêne, ce sont des envahisseurs, un point c'est tout.

Je risque gros, cogitait le chauffeur au moment de décoller, de venir les provoquer en jouant les Mermoz désinvoltes au ras des pâquerettes et au-dessus de leur nez. Je risque ma peau, et pour quoi, pour qui ? Pour des photos que tout le monde connaît et qui sont publiées par centaines dans nos journaux. Il devra faire fissa et ne pas s'attarder inutilement. Ce n'est pas qu'ils possèdent une DCA, ou des missiles, ils ne sauraient pas s'en servir, mais parfois, avec un fusil de chasse bien calé on peut faire un carton de chevrotines sur un avion aussi lent et gros que son Ronfleur. Avant de lâcher les freins, il aperçoit à travers son pare-brise écaillé, une demi-douzaine de ces probables rebelles qui attendent son passager en bord de piste. Étant donné la chaleur, il n'imagine pas une seconde qu'il puisse s'agir d'habitants de Béni Farès. Lesquels doivent en ce moment faire la sieste à l'ombre d'un cocotier et même au frais dans leurs guitounes avec l'air conditionné.

La tête enveloppée de chiffons, vêtus comme au Pôle Nord, ou peu s'en faut, de vestes et de pullovers superposés, le fusil de chasse en bandoulière, ces « rebelles » sont regroupés près de la dernière maison du village dans l'ombre d'un gros buisson hérissé d'épines et à deux pas d'une ruine dont la toiture en coupole est en partie effondrée, un monument qui ressemble vaguement à un marabout de petite taille. Ce soir, ricane intérieurement le chauffeur en jetant un regard vers les personnages, ils couperont les roustons et la zézette du pauvre passager avant de le peler en fines lanières. Ensuite ils le feront rôtir tout vif sur un petit feu de bouses malodorantes. C'est ce qu'ils ont fait aux deux journalistes mâles de la télé nationale d'Esperanza venus les interviewer dans leur montagne pour le journal de 20 heures sur la Une. Un succès médiatique ; je ne vous dis pas ! Il y avait du monde devant les écrans ce soir-là. Des sauvages qui ont également pelé la maquilleuse et la coiffeuse après les avoir violées les unes après les autres…

Pourquoi ces gens s'enveloppent-ils la tête de guenilles ? Comme s'il ne faisait pas déjà assez chaud tête nue, mais bon, c'est leur affaire après tout. Probablement pour tenir leurs poux à l'abri des coups de soleil. La réflexion le fait rire. Puis le danger aidant, il pense à sa femme, sa chère Ladidi, toujours à poil et fraîche comme une mangue sous sa blouse d'artiste peintre, même à la maison pour recevoir le courrier. Il pense aussi à ses quatre gosses qui l'attendent dans leur jolie maison d'un quartier tranquille de Constantz, la capitale célèbre dans le monde entier pour ses bars-musées, ses pizzéria-mosquées, ses temples-bibliothèques et ses églises-boites de nuit. Il décide brusquement de remettre à plus tard sa mission de photographie. Si on lui pose des questions, il dira qu'il a oublié. Mais personne ne lui posera de questions, pas même Donald Fuck le grand responsable du renseignement, un copain qui vient souvent boire l'apéro à la maison et discuter peinture avec Ladidi. Rasséréné, il lâche la bride aux huit cents chevaux poussifs du Ronfleur qui s'élance vers un ciel sans nuages.

Damien avait bredouillé un « au revoir et à bientôt » au chauffeur. En réponse ce dernier avait mâchonné un encourageant : « Je ne sais pas si on se reverra. ». Mais laissons le Ronfleur, peint aux jolies couleurs des libellules, s 'envoler et virer vers le couchant (belle image non ?) et revenons au passager. C'est un jeune homme entre vingt et vingt-cinq ans. Un âge où l'on ignore que l'on peut mourir d'un instant à l'autre et qu'il y a des individus peu recommandables capables de le décider en un clin d'œil. Comme peut-être ces gens qui l'attendent plus loin, près du gros buisson d'épines. Cependant, malgré le proche péril, son visage poupin d'un joli rose pâle de jambon de Paris, demeure calme, apathique même. La sérénité des vieux soldats qui font confiance à la Providence pour au moins les prévenir assez tôt d'un mauvais coup qui se prépare. Pour un observateur impartial son visage rappelle effectivement le jambon de chez Spam, mais on y décèle aussi des yeux intelligents et un sourire crispé. Pour se donner une contenance et de l'assurance avant de rejoindre le groupe d'hommes qui l'attend plus loin, il glisse voluptueusement une main blanche et soignée dans ses cheveux blonds bouclés. Ceci fait, il ajuste lentement ses lunettes de soleil devant ses yeux clairs, un peu à la manière des gars du FBI dans les bonnes séries télé américaines.

« Il a tout du chérubin dodu, affirmait sa mère quand il avait une dizaine d'années ». « Plutôt d'un Teuton », grognait sa tante, la sœur aînée de sa mère. Plus grand de quinze centimètres que la moyenne des hommes d'Esperanza qui est d'un petit mètre soixante et plus costaud aussi, il impressionne par ses larges épaules. Il a emballé son gros fessier dans un large short kaki garni de poches à soufflets, la partie basse de l'uniforme « temps chauds »de la Compagnie. Il porte aussi une chemise verte sans manches modèle « Hawaï » bariolée de fleurs brunes et jaunes. Chemise achetée dans le souk de Constantz et vivement recommandée par la Compagnie pour les déplacements dans la savane et le désert. Il a enfoncé son chapeau de brousse au ras des sourcils quelques secondes avant que le soleil ne lui carbonise les méninges. Malgré son attitude virile et décidée, il devine à ses jambes encore faibles et molles qu'une crainte, pour ne pas dire une panique, est cramponnée à lui quelque part du côté de son estomac. Ébloui, et un peu sonné par un soleil qui parait s'être soudain rapproché de la terre, dans un effort qui lui tire un pet sonore, il charge son gros sac de voyage en toile bistre sur son épaule après avoir fait quelques mouvements de bras pour se dérouiller les articulations. Il fait trois pas décidés sur le sol jaune fendillé par la sécheresse à seule fin de montrer à ceux qui l'attendent là-bas qu'il est bien vivant et combatif.

Pourquoi est-il là ? se demande-t-il pourtant, à cet instant. Pourquoi risquer de se faire tuer par ces gens ? Parce qu'il est en mission secrète à Béni Farès, voilà pourquoi lui répond sa mémoire. Pour se donner encore un peu de temps, il s'arrête pour suivre le Ronfleur des yeux jusqu'à ce qu'il disparaisse, point sombre, vers la montagne puis vers la côte et la mer. Il note que le chauffeur n'est pas allé photographier les rebelles. Un mauvais point pour lui... Les vagues sont si rafraîchissantes à Mirabella. C'est la plage où, à force de rester immobile au soleil, sous son parasol, il s'endormait en rêvant de banquise et d'ours blancs. Le sable y est fin comme du talc et presque élastique. Il porte au sommeil un peu à la manière des matelas gonflés d'eau que l'on trouve dans les chambres d'hôtel de la Compagnie, fabriqués en Chine il leur arrive de crever à l'impromptu en provoquant un vrai raz-de-marée. C'était un vrai bonheur que de venir à Mirabella roupiller tous les après-midis et se refaire une santé après ses nuits torrides en boite de nuit. Il a fallu que ces maudits rebelles, il y a six mois à peine, apparaissent à l'horizon pour gâcher ce petit bonheur. Bien sûr, on essaie de les renvoyer d'où ils viennent, mais sans grand succès. C'est la Compagnie qui est chargée du boulot de réexpédition en direction des dépôts de sacs poubelles. La Compagnie, que je vous explique, c'est d'abord une armée de civils. On y entre pour une mission bien particulière ou pour y faire carrière. On y est mal payé, mal habillé, mal nourri et mal armé, comme dans toutes les armées du monde. La seule différence avec les armées françaises par exemple c'est que les civils de la Compagnie n'ont aucune éthique et moins encore de morale. Des pillards, voleurs et prévaricateurs. Mais cela n'a guère d'importance puisque, Esperanza vivait, jusqu'à il y a six mois dans la paix et la sérénité.

En tant que pilote débutant le jeune homme appartient, provisoirement espère-t-il, car il veut monter en grade et prendre des responsabilités, dans le groupe Delta. Un commando de paras tellement bien entraînés que James Bond, ou mieux encore le colonel Le Borgne, pourtant le meilleur dans sa spécialité à ce que l'on raconte, est un rigolo à côté de chacun d'eux. C'est ce qui se dit dans toutes les cantines de la Compagnie et ce qui s'écrit dans tous les journaux pour dames du pays. Lui, il est pilote de second ordre, c'est-à-dire qu'il effectue pour le compte de Delta des missions secrètes dites « de routine » comme transporter en avion du courrier et du tabac, exactement comme Saint-Exupéry ou Guillaumet mais pas au-dessus de la cordillère des Andes quand même. Juste au-dessus de la côte. Parfois il lui arrive de faire des missions pédestres de surveillance, également secrètes, comme la surveillance à la sortie des écoles. Tout est secret de toute façon dans la Compagnie, les menus de la cantine comme les préparations d'opérations sur le terrain. C'est pour éviter que les curieux et surtout les journalistes viennent mettre leur nez dans ses affaires secrètes. « On ne peut pas peler les journalistes et les faire cuire comme l'ont fait les rebelles, ce qui est pourtant bien pratique pour les tenir loin de nos affaires » grogne le directeur Michon, le patron direct du jeune pilote…

Ses copines de beuverie du « Sacha Club », une boite de nuit associée à l'église du saint Esprit dont elle occupe la sacristie sur la corniche de Constantz, toutes plus jolies les unes que les autres naturellement, vont regretter son absence. Cependant, et c'est un réconfort pour Damien, il ne doit rester qu'un mois à Béni Farès. Il n'est pas prévu, a promis le directeur Michon « La vérité ? Si je mens je vais en enfer », que son séjour aille au-delà.

– Car, je vous l'assure, lui a-t-il affirmé les yeux dans les yeux, grâce aux petits gars de Delta, dont vous êtes, à notre cher général Bignard et ses boys, on aura ratiboisé ces charognes de rebelles avant un mois, c'est moi qui vous le dis !

Michon est le directeur de Delta. C'est un afro-espéranzais, très noir de peau, presque chauve, un individu massif de cent-vingt gros kilos ce qui donne du sérieux et de la majesté à ses affirmations. Il est toujours prêt à jurer devant Dieu du bien-fondé de théories sorties de la bouche de son fils, un marmot de onze ans, qu'il idolâtre et qu'il tient pour un fameux devin capable de faire la pige à Nostradamus ainsi qu'à la petite française madame Soleil. Comme à parier par exemple sur l'envoi d'un cosmonaute de Delta sur Jupiter avant la nouvelle lune terrestre, ce qui évidemment ne se produira pas. Ce qui ne désarçonnera pas Michon persuadé que le gouvernement aura caché l'évènement. Il possède une autorité naturelle renforcée par un regard acéré qui parfois fulgure sous la casquette kaki à longue visière qu'il ne quitte jamais, même pour dormir. En réalité, Damien s'en rendra compte plus tard, c'est surtout une mauviette et un salopard.

Michon possède aussi un tic, il tripote et frise sa petite moustache carrée lorsqu'il a quelque chose d'important à confier à un subordonné. Dans le même temps, il se hausse sur la pointe des pieds, car il est petit, tout petit, et obèse, pour regarder son interlocuteur bien droit dans les yeux tout en plissant les siens jusqu'à n'être plus qu'une fente asiatique. Comme si Damien par exemple, l'éblouissait. Le directeur Michon, de l'avis général, se comporte avec ses sous-fifres comme tous les directeurs. C'est à dire comme une carie dentaire mal soignée ou un gros furoncle mal placé. C'est aussi, quand on le connait mieux, un homme plein de contradictions autant qu'un prêche d'évêque, ou qu'un inventaire du fisc.

Dans ses périodes de calme et de bonhomie, il se montre plus affectueux et lécheur qu'un caniche. Il vous tape sur l'épaule ou sur le ventre, vous attrape fraternellement les testicules, ou une fesse dans le cas du personnel féminin, et vous enlace la taille sans façon pour vous raconter, en riant très fort, la dernière blague qui court dans la Compagnie. Mais il est aussi capable de rabâcher sa haine et son mépris une semaine entière, un mois voire une année, ainsi que cela fut pour quelques jeunes gens qui n'avaient pas compris le sens de ses ordres. Damien, qui vient de poser le pied à Béni Farès, a subi cette haine, il en est persuadé. C'est même ce qui l'a expédié dans ce bled pourri, pense-t-il. Un mois en mission secrète à Béni Farès c'est long, même loin du directeur Michon. Mais puisqu'il n'y a pas moyen de faire autrement, alors, en vrai gars de la Delta, il enfonce de quelques centimètres supplémentaires son chapeau de brousse, ajuste ses Ray Ban, remonte son short, et fait face courageusement au village et surtout au comité d'accueil.

Des années plus tard il s’en souviendra.

3

Sur les cartes courantes, quand il y figure, Béni Farès apparaît comme un point de la taille d'une crotte de mouche, ou peu s'en faut. C'est pourtant là, au pied des montagnes Zebzeb, que le gouvernement d'Esperanza et la Compagnie ont décidé de construire une piste d'atterrissage pour avions de guerre « modernes ». En fait d'avions modernes ce sont des appareils qui ont combattu il y a plus de trente ans lors de la dernière guerre dite « des rizières pourpres », dont la narration nous éloignerait de ce récit sans rien lui apporter de plus. Des avions à hélices qui ne sont guère plus impressionnants pour le profane, que les Blériot enfermés dans les musées. Le gouvernement d'Esperanza, une bande d'incapables mis en place par des réseaux douteux, il faut le répéter, n'a pas les moyens affirment les ministres, d'acheter ces avions à réaction américains, russes ou français, surarmés et supersoniques. Des appareils qui, de l'avis du directeur Michon, font finalement plus de bruit que de mal.

– Nos avions, aussi modestes qu'ils paraissent, a affirmé le ministre des Armées, un brave homme qui a échappé de justesse à la prison pour faux et usage de faux, sont des outils remarquablement calibrés et efficaces pour combattre la guérilla des Ténébristes. Des salopards, que notre chère Compagnie enverra en enfer parce qu'ils ont envahi sans raison notre cher pays et qu'ils gênent la bonne marche de nos affaires en ce moment.

Donc, l'objectif officiel de cette piste est de participer efficacement, grâce aux avions de la Compagnie, aux pilotes et aux paras de Delta au « maintien d'un ordre républicain » dans les terres à l'Est d'Esperanza. Pour le gouvernement, cette proximité avec l'ennemi est le seul atout de Béni Farès mais il est de taille. L'objectif officieux de cette guerre, mais il est interdit d'en parler, est de détourner cinq pour cent sur toutes le sommes engagées et de les virer sur un compte en Suisse appartenant au ministre de la Défense. Lequel est aussi ministre de la Culture ce qui fait qu'il touchera également cinq pour cent sur le chef-d'œuvre que vous êtes en train de lire.

– Au niveau de la seule stratégie, déclara Michon aux gens de l'état-major, ce bled perdu au milieu d'un plateau dénudé et pelé comme la lune a une importance capitale pour le ravitaillement de nos aéronefs. Je vous rappelle aussi que c'est Bignard qui l'a choisi ! Et qu'il est copain avec notre ministre. Cependant en dehors d'être le fer de lance de notre stratégie, ce bled n'a même pas l'avantage minime d'être verdoyant et accueillant. Mais qu'importe, grâce à nos hommes, grâce à sa piste et à son dépôt de carburant bientôt dirigé par un de nos meilleurs éléments, on gagnera cette guerre rapidement, j'en fais le pari ! C'est mon fils qui me l'a dit et il ne se trompe jamais…

Donc c'est dans ce bled perdu, cet anus du monde où un ermite éprouvé refuserait d'habiter, que notre jeune héros va passer les mois les plus sombres de sa jeunesse. C'est ce qu'il déclarera aux journalistes, quarante ans plus tard, en faisant la promotion de son livre. Évidemment, notre héros n'y est pas resté que trente jours ; comment faire confiance au gouvernement et à la Compagnie ? La fin de son aventure à Béni Farès fut tragique autant que le destin des Atrides. (J'ai lu ça quelque part et je le ressorts dès que l'occasion s'en présente). Même aujourd'hui, quarante ans plus tard, il ne peut penser à Béni Farès sans un frémissement des entrailles et la montée d'une larme.

Dans les premiers temps, son séjour ne fut ni plus désespérant ni plus pénible qu'une semaine en internat dans un pénitencier sénégalais. Il va apprendre, entre autres nécessités, la meilleure façon de faire une tambouille mangeable à partir des boîtes de conserves mises en place par la Compagnie, à vivre dans la solitude et, dans les débuts, à se tenir sur le qui-vive. Une attaque des rebelles était toujours possible sans être obligatoire, par bonheur. Petit à petit, il va devenir, dans cet endroit loin du regard de Dieu et de Michon, une sorte de Robinson Crusoé héroïque. La comparaison n'est pas trop forte ; d'autant qu'il n'eût jamais à portée de main un bel esclave aussi cochon que Vendredi pour lui masser le dos. En revanche il y découvrit une femme belle et aimante, Fatima, et un ami sincère en la personne d'Ali. Autre différence avec Robinson Crusoé, son retour vers la civilisation ne se fera pas par la mer mais en camion.

Mais revenons au briefing du Directeur, monsieur Michon. Après avoir convaincu l'Etat major sous le applaudissements, il se tourne vers Damien qui patiente sur un strapontin :

– Avant tout, Béni Farès et son terrain doivent permettre à nos avions de se poser pour faire le plein s'ils sont à court de carburant pour rentrer au bercail. Même vous qui êtes un pilote novice, vous comprenez cela, Damien. Flinguer à tout va, faire des norias, des reconnaissances, en un mot combattre avec la foi et l'énergie des héros, ça bouffe du carburant. Votre équipe, c'est-à-dire vous et les natifs du coin, serez là pour les ravitailler à partir des bidons d'essence que nous allons mettre en place bientôt, si ce n'est déjà fait. Pas question de vous confier un dépôt de munitions qui serait pourtant bien utile, trop de risques que les rebelles s'en emparent avant notre arrivée. Vous embaucherez donc pour vous aider dans les manutentions, mais seulement si nécessaire et au prix le plus bas, les indigènes les plus costauds. Vous les avertirez que les maladies et les accidents, même du travail, ne seront pas pris en charge par la Compagnie. Vous prévoirez aussi de loger, pour une nuit ou deux, les quelques vieux pilotes pusillanimes qui seront fatigués ou tout simplement qui ne voudront pas voler la nuit de peur de se perdre sur le chemin du retour, par exemple. Vous embaucherez dans ce cas un cuisinier, des serveurs et serveuses ainsi qu'un maître d'hôtel. Vous trouverez sur place, dans la somptueuse villa qui vous est attribuée, ce qu'il vous faut comme vivres et matériel. Tout est prévu, même les salles de bain. Vous nous quittez pour un mois. Pas plus.

Michon donnait ses ordres comme si la population de Béni Farès comportait un nombre illimité de techniciens pointus dans tous les domaines et de maîtres-queux qualifiés. Il y avait aussi cet « avant tout » avait analysé Damien. Ce que Michon voulait certainement dire c'était : « avant toute autre chose », ou encore plus précis : « avant de penser à vos loisirs ». Ce qui laissait supposer que Béni Farès était aussi un coin de villégiature renommé, qu'il y avait de la place pour le farniente mais qu'il ne fallait pas qu'il exagère et s'y croie en vacances. En gros Esperanza et la

Compagnie comptaient sur lui pour être efficace, même en dehors des heures de service. Au boulot vingt-quatre heures sur vingt-quatre…

Au fait, me direz-vous, quelle est cette Compagnie qui s'enorgueillit de posséder le commando Delta et une flotte aérienne conséquente ? Nous avons déjà étudié ce qui est au cœur de l'entreprise : son personnel, c'est à dire les civils et les autres mais allons plus loin et voyons ensemble la nature des missions et la force de la foi qui l'anime. En vérité, c'est un fourre-tout d'hommes et de femmes, une accumulation d'exigences diverses, de besoins gouvernementaux comme de nécessités particulières, tout cela confié à un agrégat d'opportunistes et d'incompétents et négocié par des prévaricateurs. Mais n'est-ce pas ainsi partout ? Une entreprise multi-services capable de faire la guerre mais aussi de vous dépanner si votre jardinier tombe malade, de retrouver vos voleurs et vos bijoux ou de vous aider dans vos recherches si vous avez perdu votre labrador dans les bois. La Compagnie, affirme le dépliant que l'on remet à tous les nouveaux arrivants au pays, « est capable de mener n'importe quelle enquête policière dans n'importe quel endroit comme n'importe quelle guerre dans les airs, en mer ou sur terre ». Et sous terre me direz-vous ? Aussi. Car il n'y a rien que la Compagnie ne sache accomplir suivant sa devise qui est « Sait tout faire, absolument tout et mieux que les autres » ; un peu comme la CIA et feu le KGB.

– Vous les formerez si leur savoir inné ne vous convient pas, avait ajouté Michon à propos des indigènes de Béni Farès et vous vous débrouillerez avec les moyens du bord pour le reste ! On vous a appris ça à l'école de la Compagnie, nom de Dieu ! avait-il grogné, excédé par le regard vide, la moue sceptique et la mauvaise volonté visible de son subordonné.

Car il faut le dire, sans être un homme cynique ce chef avait du parti pris et sans être foncièrement lèche-bottes il n'hésita pas à expédier en prison son meilleur ami pour plaire à monsieur Hache, le Directeur supérieur. (N+1) En ce temps-là dans Esperanza, la discipline de la Compagnie exigeait - comme la Terreur française en 1792, et toutes les révolutions, qu'elles soient russes, chinoises, cubaines ou cambodgiennes-, son quota de têtes coupées pour resserrer les rangs. Ses engrenages étaient huilés par les gémissements des taulards et des « perdus en mer » c'est-à-dire ceux dont on ne revoyait plus la frimousse après avoir déplu en haut lieu. Les mauvaises langues disaient qu'ils étaient expédiés comme consuls aux USA et ailleurs. Alors, en ce qui concerne le destin du simple sherpa, de l'homme de base ou de celui du jeune homme prénommé Damien, cela ne comptait guère plus pour Michon que le sort du dernier des Mohicans ou celui de ce pauvre Don Gormas estourbi par son idiot de futur gendre.

4

Lorsque le Ronfleur avait effectué des ronds au-dessus de Béni Farès, Damien choqué et surpris par le paysage lunaire qu'il voyait de la fenêtre de l'avion, avait vérifié qu'il n'y avait pas trace quelque part d'un quelconque polygone de tir pour arme atomique. C'eut été tout à fait dans les manières de Michon de l'envoyer là se faire irradier. Il avait ensuite cherché, sans trop y croire, un Club Med grouillant de vie avec d'affables animateurs et de ravissantes poufiasses (un terme qui fait partie de l'argot de la Compagnie et qui n'est en rien désobligeant pour les dames, au contraire) voire même deux ou trois piscines. Ou même à la limite un court de tennis sur herbe. Rien, même pas un boulodrome. Seulement des masures de couleur jaunâtres de part et d'autre d'une longue rue, de la savane caillouteuse tout autour et de la poussière soulevée en quantité par le vent. Un endroit triste dépourvu du moindre intérêt même pour une communauté de lépreux.

Il était écrit dans l'Atlas géographique espéranzais, un des rares livres scientifiques de la bibliothèque de la Compagnie, qu'il y a très longtemps, plusieurs milliers d'années, l'espace baptisé Esperanza aujourd'hui, avait été vitrifié par un « on ne sait trop quoi » venu du ciel et sa population d'alors, quelques centaines d'âmes de chasseurs-cueilleurs, anéantie. Plus tard, et après que l'endroit fut redevenu viable, une immigration venue de tous les continents, Afrique, Asie et Europe s'y installa. Depuis la population s'était fortement métissée, ni jaune, ni noire, ni blanche mais plutôt marron, en particulier dans les zones fertiles du bord de mer. En revanche, ici, à Béni Farès elle avait gardé toutes les caractéristiques, cheveux frisés et peau claire, des peuples qui s'installèrent en premier dans le pays et qui furent, petit à petit, presque tous refoulés sur le plateau des Chèvres, au pied des montagnes Zebzeb. Ainsi, « l'art de vivre » des Bénis Fariens n'avait guère changé depuis presque deux mille ans. Certes les habitants avaient fait des progrès dans la pratique de la garde des moutons ; par exemple ils n'employaient plus un berger par mouton mais un berger pour plusieurs moutons. On pouvait même leur attribuer quelques découvertes dans la confection de leurs fromages, ou sur le réemploi du petit lait dans la teinture des textiles. Ils s'habillaient presque comme dans la capitale après avoir abandonné le bonnet conique d'alfa, le pagne long pour les messieurs et la jupe courte de laine pour les dames, il y a à peine un siècle, et ils parlaient un patois très compréhensible. Mais pour le reste, les mentalités en particulier, le temps s'était arrêté il y a beaucoup plus de deux-mille ans.

Le Béni Farès d'aujourd'hui, entité économique de bergers et de leur famille, ne produit que ce qui est indispensable, n'achète et ne vend pratiquement rien à l'extérieur. Ses habitants dans leur majorité, qui souhaitent malgré tout qu'on leur fiche la paix, sont des zéros économiques aussi éloignés de la mondialisation des échanges, de Mac Do et de la consommation à outrance, que de la planète Saturne. Conformément à leurs vœux, personne ne s'était soucié d'eux jusqu'à présent, pas même le propriétaire récent des terres sur lesquelles, il y a dix siècles environ, les premières huttes de terre identiques à celles que l'on pouvait voir aujourd'hui, avaient succédé aux tentes en peau de zébu. Lequel propriétaire, un sous-ministre récompensé pour sa gestion des finances publiques par ce don du gouvernement, aurait été surpris si on lui avait dit qu'une faible partie de ces gens, surtout parmi les jeunes, des bons à rien selon les anciens, souffraient de leur solitude, cherchaient des solutions pour s'en sortir et peinaient pour survivre. Mais se reproduisaient quand même avec la vélocité des pauvres et des lapins. Et parmi ces solutions il y avait celle d'épouser les thèses et les revendications de l'invasion ténébriste qui les propulseraient sur le devant de la scène, leur offriraient un débouché comme fonctionnaire et leur feraient changer d'air.

Ils n'étaient pas les seuls. Tout ce qu'Esperanza comptait de mal logés, de mal payés et de mal nourris, auraient pris volontiers le maquis et rejoint les gens de Tenebra s'ils avaient été certains de la victoire. C'est ainsi que ces derniers, lesdits rebelles, soutenus par une partie de la population d'Esperanza, empêchaient les membres du gouvernement de savourer tranquillement leurs pots- de -vin dans l'inégalable douceur de vivre du pays. Et en particulier dans leurs superbes villas le long de la côte où le climat est idyllique, la nourriture abondante et les boniches payées trois fois rien. Les mercenaires de Tenebra, que l'on tenait pour des voyous dont leur pays se débarrassait à bon compte, étaient en revanche contrairement à ce que la presse prétendait, bien armés, bien entraînés et aguerris.

Donc, le directeur monsieur Michon avait désigné Damien, un mâle de vingt-quatre ans, jeune et poupin, yeux bleus (rares en ces lieux), saine dentition et jointures souples, pour commander le nouveau camp d'aviation de Béni Farès. Damien, jusqu'à ses dix ans se prénommait Jacob. Sa mère, à l'issue d'une évolution du type « principe d'Archimède », c'est à dire du bas, la plèbe, vers le haut, les bourgeois, s'était mise à détester ce prénom de Jacob qu'elle considérait comme vieux jeu, voire un poil youpin. Un prénom imposé par son père Isaac disparu depuis. Nous en reparlerons plus loin. Commander le camp d'aviation, pour notre héros, était un bien grand mot car il n'avait à commander que lui-même, personne n'ayant été requis pour l'accompagner. Pas de second donc, pas même une cellule dormante sur place qui pourrait l'aider si nécessaire, comme en disposent Bond, DAESH, OSS 117 et forcément la CIA dans ses meilleurs jours. Exiger des habitants une aide logistique sans contrepartie quelle qu'elle soit, était stupide et irréaliste. Il fallait employer la diplomatie, avait affirmé Michon. Mais, devant la moue dubitative (comme toutes les moues) de Damien si ça ne marche pas accepter de les payer, avait-il ajouté. Même s'ils n'ont que faire de nos billets de cent ou de mille zozos.

Une équipe d'ouvriers de la Compagnie, les Légionnaires de la paix comme on les appelait officiellement, avait campé sur place le mois dernier. Le temps pour eux de niveler la piste, d'aménager correctement une maison pour en faire la demeure du chef du camp d'aviation et de se faire haïr des habitants. Avant que ne fussent promulguées les décisions de l'état-major baptisant le village « nœud stratégique », les Bénis Fariens voulaient ignorer jusqu'au nom de la Compagnie. Cette dernière mis à part les ennuis et les vicissitudes d'une opération de guerre, n'avait à leur offrir, avec l'arrivée de Damien, qu'un peu de travail durant un mois. Une misère. En faire des auxiliaires techniques était irréaliste, aucun n'avait le niveau requis pour faire ne serait-ce que balayeur ou porte drapeau. Damien, on le verra, n'avait rien d'un homme brutal, capable de les bousculer et de leur imposer, lors d'une formation accélérée, une discipline de fer avec parcours du combattant chaque matin avant l'aube. Une chose pourtant émergeait franchement de l'imbroglio et du flou qui entouraient son arrivée : Michon le détestait, le haïssait même, pour l'avoir expédié dans ce trou perdu avec en prime la mission la plus tordue qui soit. Il l'avait subodoré un matin qu'ils devaient décoller tous les deux de Trabala, le terrain militaire près de Constantz sur lequel les avions de la Compagnie étaient parqués, pour une reconnaissance à vue en Ronfleur armé de mitrailleuses, à la frontière de Tenebra, quatre cents kilomètres plus au nord. On y signalait un camp d'entraînement pour rebelles, une usine à yaourts bio, leur nourriture de base fraîchement installée, et une gare de marchandises trop bien pourvue en conteneurs. Il fallait vérifier tout ça du haut des airs. Une mission rendue particulièrement difficile en raison des accidents de terrain qui cachaient la signalisation routière, si importante pour la navigation aérienne, ainsi que la présence des cerfs-volants et des ballons captifs siglés aux armes de leurs syndicats que les cheminots du coin avaient l'habitude de faire planer pendant les pauses. Ces deux mesures étant à l'initiative de la direction des chemins de fer pour éviter à leurs employés de bavarder et de glander par petits groupes les mains dans les poches et la clope au bec. Il était préférable avait-on estimé en haut lieu qu'ils se dépensent utilement. (Les syndicats fournissaient les cerfs-volants et les ballons).

Michon et Damien, devaient partir à l'aube et la mission ne pouvait souffrir le moindre retard en raison d'une messe célébrée par Monseigneur, l'évêque de Constantz, pour l'ensemble de la Compagnie peu avant l'heure de l'apéro de midi à laquelle Michon devait impérativement assister. Tout était prêt. La route à suivre tracée sur les cartes au crayon bleu. Le contrôleur aérien réveillé et installé dans sa tour de contrôle avec ses bières. Les avions vérifiés de l'hélice jusqu'à la queue, les moteurs chauds et la petite aiguille du thermomètre d'huile dans le vert. Même la météo était exceptionnellement bonne, à peine deux cumulonimbus. C'est alors qu'il avait vomi. Beurk. Il rentrait d'une nuit particulièrement arrosée et fertile en prouesses sexuelles et il avait vomi sur les bottes de Michon. Des bottes cirées admirablement par madame Michon. Ça arrive à tout le monde, non ?

Fouetté par une juste colère, Michon qui brandissait au-dessus de la tête de Damien son gros crayon de couleur bleu et rouge comme s'il s'agissait d'une massue, l'arrosait de postillons et d'insultes salées. La passivité de son équipier, dont la musculature était encore engluée dans l'alcool, augmentait sa colère. Il finit d'ailleurs par le frapper sur la tête, d'abord avec son gros crayon puis avec une règle en fer qui trainait sur une console. Des coups destinés à calmer ses nerfs portés sur ce coéquipier qui maintenant fuyait devant lui et galopait autour de la table des cartes. Bref ! Michon s'auto-excitait et le barouf avait fini par réveiller l'officier permanent et la secrétaire qui dormaient à l'étage. Les cris, les postillons, les coups sur la tête, les bruits de bottes, la silhouette de la vieille secrétaire en chemise de nuit transparente et le jeune officier permanent en caleçon, avaient fini par retourner de nouveau l'estomac de Damien. Blaouf !

Michon outré lui promit alors le fouet, le pal et le pilori l'un après l'autre. Et pour commencer il lui colla quinze jours de prison à faire dans le petit cabanon en tôle posé sur le parking de Trabala. Dans cette prison, il ne serait jamais à l'ombre et n'aurait ni matelas ni draps, ce qui n'était pas un gros inconvénient avec la chaleur printanière. En outre la Compagnie lui fournirait chaque soir son quota de moustiques vivants en même temps que son repas de canogou : une sorte de gros haricots indigestes cuit avec de la viande avariée. Car elle réglait ses comptes elle-même, toujours à son avantage, sans faire appel aux procureurs, policiers et commissaires pourtant compétents mais qui ne comprenaient rien à la Compagnie et à son « vivre ensemble ». Il y eut cependant une exception avec Damien, nous verrons cela plus loin. Le lendemain Michon lui proposa un marché : la prison de Trabala ou la mission à Béni Farès.

5

Cela faisait la troisième fois en un mois que Damien n'était pas à l'heure aux rendez-vous matinaux de Michon, et quand il était à l'heure c'était dans un fichu état. Gueule de bois, cheveux douloureux et yeux chassieux, bref ! pas la meilleure forme pour commencer la journée. Et puis ce matin-là, blaff ! Et sur les bottes neuves et bien cirées du directeur encore. Pourquoi les bottes, il ne savait pas, il était probablement attiré par leur noir brillant. Avait-il vomi une fois de trop ? Il n'était évidemment pas le seul galopin dans la section Delta à boire et à aimer la compagnie des demoiselles. Des poufiasses pleines d'espérances et de talents qui exerçaient et recevait leurs amoureux dans leur chambre de jeune fille, chez leurs parents, par traditions espéranzaises ou dans des maisonnettes de bon goût situées autour des plages de Constantz qu'elles louaient à plusieurs. Là encore c'était une tradition qui voulait que les filles à marier sachent au moins ce qui les attendait. Mais il était le seul à ne pas tenir l'alcool. Cette ivrognerie venait tout droit de son enfance, avait déclaré le psy qui s'était intéressé à son cas à la demande de sa chère maman. Profitons des travaux de ce psy chevronné pour faire une analyse plus complète du conscient de notre héros et de son inconscient, dans la foulée. Comme tous les héros, ou presque, il avait vécu une enfance et une adolescence particulièrement heureuse, sans s'interroger sur quoi que ce soit et surtout sans jamais douter de son intelligence ou de ses capacités physiques. Voici ce qu'écrivait le psychologue :

« Nourri dans sa petite enfance de fables pieuses incitant au travail, prônant l'esprit d'abnégation et le partage, vertus récompensées dans ces fables par des mariages riches avec de jolies princesses, l'intéressé affiche un relevé psychologique particulièrement plat. Conscient néanmoins du destin intéressant qui l'attend, en irréprochable gentleman il maitrise parfaitement son tempérament fougueux et garde un calme olympien même lors des sollicitations émotionnelles les plus hardies comme l'annonce de la mort du capitaine Haddock ou celle de Tintin, voire de Milou, trois génies sublimes qu'il affectionne. Malheureusement, en raison de cette forme d'apathie, il s'endort rapidement, et toujours au tout début de nos séances, ce qui fait que je n'ai pu sonder ni son inconscient, ni son âme pourtant fort belle, ni son Ka. Sa mère m'a malgré tout payé une partie des séances et me doit encore la somme de… Veuillez agréer etc. »

C'est vrai que son enfance, malgré une santé délicate, avait été particulièrement heureuse. Trop heureuse. Aucun pédophile mitré n'avait cherché à le tripoter ou si ça avait été le cas il n'en gardait ni trace ni souvenir. Il avait eu toutes les maladies infantiles soignées admirablement par un médecin désintéressé qui ne comptait pas ses heures. Instruit dans des écoles fréquentées par une jeunesse studieuse et des professeurs courageux, il avait réussi tous ses examens et concours du premier coup.

À condition toutefois qu'ils ne fussent pas trop difficiles. Ses proches lui avaient offert son premier vélomoteur dès qu'il l'avait demandé, et du bout des lèvres encore, puis son premier scooter et sa première moto itou. Juste le temps d'émettre un souhait sur catalogue et paf, l'objet était là. Comme avec la fameuse lampe d'Aladin. Il aurait aimé être pauvre, ermite, SDF chassé de partout comme un chien galeux ; hélas ! toute sa famille se liguait pour le rendre heureux. Combien de larmes amères a-t-il versé en cachette, après un énième et somptueux cadeau comme cette montre suisse sertie de diamants !

Comment dans ce cas ne pas être névrosé au point de boire comme un trou noir ou une dune de sable jaune (?) afin de chasser de son esprit ce trop de complaisance familiale qui avait fait de lui un martyr. Alors que la plupart des garçons de son âge cherchent dans l'alcool ou la drogue à évacuer leurs inhibitions avant d'affronter le monde, lui, au contraire, il fallait qu'il charge son âme trop proprette de péchés bien faisandés pour ressembler aux copains. Et petite maman était toujours là à le chérir, à lui frotter dans le dos quand il prenait son bain, à le parfumer devant derrière et à répondre à toutes ses questions sur le sexe, complaisante et zélée comme une esclave de harem. Ah, chère petite maman ! Sa maman est jolie, très jolie. C'est une brune ardente avec un corps de (jeune) star maquillée à la perfection qui secoue, pour un oui ou pour un non, une lourde chevelure noire plus abondante et brillante qu'une averse d'étoiles. Le tout accompagné d'un rire de gorge profond et sensuel, ah ! ah ! ah ! hi ! hi ! etc. Et ses yeux verts et son sourire ! Oh là là son sourire ! On avait vu des hommes, des vrais, des policiers de la route par exemple, le carnet de contraventions à la main, céder avec des ronds de jambe et des yeux chavirés devant son sourire et la prier de s'évanouir dans l'air comme une fée enveloppée d'une poussière d'or.

Evidemment Damien l'avait désirée dès sa première érection. Comme elle ne se rendait pas compte de l'effet que son physique de déesse produisait sur lui, surtout lorsqu'elle prenait son bain et qu'il devait à son tour lui frotter le dos, il s'est touché à en tomber malade. D'ailleurs il est effectivement tombé malade ; un mois de repos et des kilos de fortifiants. Puis le désir de conquête aidant il s'est tourné vers la fille des voisins. C'était une moustachue largement son aînée qui terminait à l'époque sa première année de théologie à Constantz, après deux ou trois redoublements et une fausse couche. Pour s'encourager dans la conquête de cette jeune fille et éventuellement séduire par ricochets sa si belle petite maman, il buvait de grands verres de coca cola, doping classique et renommé chez les sportifs débutants. Et ce qui devait arriver arriva, il ne conquit pas sa voisine, trop proche du prêtre qui la confessait, mais maman, sa maman à lui, qui devinait tout chez son enfant lui présenta une copine. Oui, oui ! Comme je vous le dis. C'était juste une dame de bonne famille, mariée mais délaissée, qui aimait la jeunesse pour sa fraîcheur et son ignorance. Parce que, il faut dire aussi que la mère de la voisine, qui aurait pu se substituer à sa fille moustachue, à la rigueur, était moche, vraiment moche et surtout sans attraits ni sex-appeal.

Il avait revu sa jeune voisine deux ans plus tard. Elle avait alors vingt-sept ans et, victime ingénue des confessions et surtout des confesseurs, elle était si névrosée qu'elle ne supportait pas qu'un homme s'approche d'elle à moins d'une enjambée. De même, elle se mettait à trembler et à pleurer dès qu'il y avait plus d'un homme dans la pièce. Il ne lui restait plus qu'à entrer au couvent, chez les sœurs de la Grande Miséricorde et se tenir éloignée des mâles, fussent-ils papes ou évêques. Finalement son sort à lui était enviable par rapport à celui de cette pauvre jeune voisine, se dit-il. Estrella, la copine poufiasse de petite maman eut tôt fait de remplacer le coca cola qui le faisait pisser, par du cognac et du champagne plus à la hauteur de la situation mais qui lui donnèrent de funestes addictions éthyliques. Pour commencer son traitement et le débarrasser de ses vilaines manies (voir plus haut) elle prit en main, on ne peut mieux dire, ses séances de masturbation. Et c'est ainsi que, comme Marcel Proust, il prit goût au cognac, à la compagnie de sa maman, de sa mémé et en général à la compagnie des femmes mûres comme cette Estrella. Mais jamais au grand jamais il ne fuma un joint. Maman y veillait, ou alors comme pour les pédophiles, il ne s'en souvenait pas.

Il faut dire encore un mot sur cette enfance bénie des dieux. Bénie certes, car il n'eut ni sœur ni frère, ces chiures accapareuses qui vont jusqu'à prétendre partager avec vous le moindre sou en héritage. Comme à six ans Jacob qui n'était pas encore Damien, pianotait passablement, sa petite mère crut avoir mis au monde un nouveau Mozart. Il n'en fut rien car à huit ans il ne pianotait guère mieux. Elle oublia Mozart et comme il baptisait tout ce qui volait, rampait et courait, elle supposa dans son amour maternel, qu'une belle carrière d'ecclésiastique s'ouvrait à lui, la pourpre et le Vatican pas moins. Il était à cette époque des plus assidus au catéchisme de sa paroisse. Dans Babalou, sa paroisse, deux jeunes prêtres suppléaient le vieux curé trop occupé à enseigner le catéchisme de niveau supérieur à la voisine, la brunette moustachue. Ces prêtres surexcités, dans la folie d'une campagne antisémite à la mode à l'époque, prônaient une croisade chrétienno-musulmane pour la délivrance de Jérusalem tombée entre les mains des sionistes.

– Les juifs ont crucifié le Christ, gueulaient-ils devant leurs catéchumènes terrorisés, ils ont fait ci et ça aux apôtres et ils se sont installés maintenant sur les terres de Jean et de Madeleine…

Comme si la crucifixion datait d'hier. Et que dire des Romains alors ! Ces lâches italiens fouetteurs et porteurs de lances (des doryphores en grec). Et, par ricochet, que penser du pape qui s'est placé sous l'aile de la Rome de Ponce Pilate au lieu de choisir Avignon, la si légère. Jacob fut vite las des appels au meurtre de ces deux fanatiques, deux suppôts de l'évêque de Constantz lequel, ce fameux monseigneur était en exile dans cette ville, chuchotait-t-on dans les milieux bien informés. Alors un soir, après les avoir bombardés d'œufs pourris et de crottes de chien, il jeta son beau caté relié pleine peau de veau dans un égout. Plus tard encore, à l'âge de quinze ans les mathématiques le passionnant, sa mère, la chère petite âme, en conclut qu'il serait forcément un futur Blaise Pascal ou, à défaut et en attendant un peu, un futur médaille Field. Hélas ! Les maths l'ennuyèrent rapidement. Et comment pourrait-il en être autrement quand on sait qu'elles ne servent pas pour apprécier Estrella, le champagne, les demoiselles des bords de plage et le cognac.

Alors, devant les succès féminins grandissants de son fils auprès de plusieurs dames de ses amies, des dames de très bonne réputation cela va de soi, petite mère comprit que c'était vers Raymond Radiguet, enfant prodige des lettres, que devaient se tourner ses espoirs. Bien que ce Raymond-là fût homosexuel et amant de Cocteau ; il y a là une de ces contradictions dont les femmes et nos mères ont le secret usage. Donc à presque seize ans il allait être un écrivain précoce, et cochon de surcroît. Il avait, comme on dit, une belle plume avec sujet, verbe et complément qui ressemblait assez à celle de Houellebecq. Mais une fracture du poignet qui ne devait rien à la masturbation mit fin à la carrière du futur Radiguet. Cependant il resta cochon. Fortement. (Je ne comprends pas pourquoi on dit des hommes que ce sont des cochons ? Probablement pour embêter les musulmanes. Je connais des cochons, et des hommes, qui mangent très proprement). C'est à ce moment-là qu'elle se débrouilla avec des bureaucrates pour transformer Jacob en Damien, le fait qu'il y eut à l'intérieur de ce prénom le mot Dame joua pour beaucoup dans son choix.

(Nota : Saint Côme et saint Damien étaient deux frères, venus d'Arabie jusqu'en Cilicie (En Anatolie d'aujourd'hui, il me semble). On croit qu'ils étaient frères jumeaux. Leur profession de médecin leur fournit l'occasion d'exercer un véritable apostolat ; car à travers les corps ils savaient voir les âmes (?), les toucher (??), les convertir (???). La volonté divine renforça leur science par l'octroi des guérisons miraculeuses : de toutes parts, on accourait à eux pour obtenir la délivrance des maux les plus graves et les plus incurables. (Une sorte de docteur Knock, quoi !) Le résultat ne trompait jamais leur foi et leur confiance, et il ne se passait pas de jours sans qu'ils eussent opéré quelques cas souvent désespérés. Auprès d'eux, les aveugles recouvraient la vue, les boiteux marchaient droit, les sourds entendaient, les estropiés étaient guéris. Tout cela, ils le faisaient par pure charité, ne recevant aucune rétribution. Leur puissance s'étendait même au-delà de ce monde visible, et, à leur voix, les démons abandonnaient leurs victimes.

À cette gloire médicale devait se joindre celle du martyre. Un jour on les accusa de séduire le peuple et de lui faire déserter les temples des dieux courants. Le préfet leur infligea une si longue et si rude flagellation, que les bourreaux n'en pouvaient plus de fatigue ; pendant ce temps les deux martyrs bénissaient le Seigneur. À la vue d'une foule immense, ils furent précipités du haut d'un rocher dans les flots ; mais un Ange plana au-dessus des eaux et transporta les martyrs au rivage. Ils furent alors jetés dans une fournaise ardente ; mais ils s'y promenèrent comme sur un chemin de fleurs. Après beaucoup d'autres supplices, le préfet leur fit trancher la tête. Et là incontestablement on n'entendit plus parler d'eux.)

Arrivés à ce point de désillusions, petite maman -une vraie féministe, pas une ronchonneuse, il faut le préciser-, tint à le perfectionner en amour pour qu'il devienne, enfin, le meilleur dans quelque chose. Car à l'inverse de ses copines qui utilisaient le jeune homme comme on utilise un sex-toy, petite maman tenait à en faire un génie de l'amour connaissant parfaitement le Kama Sutra cela va de soi, mais aussi familier des figures grecques et égyptiennes.

– Les hommes, les mâles, affirmait-elle à son oreille ne sont bons à rien, même pas à nous faire jouir. Ce devrait être le devoir de toutes les mères d'apprendre au moins ça à leurs fils…

À l'époque son pauvre père était mort depuis au moins dix ans, il ne pouvait donc pas râler devant cette débauche incestueuse et tenter de défendre son honneur. Damien atteignit ainsi sa vingtième année qui fut celle d'un dérisoire bilan : Il ne savait rien faire d'autre que pianoter passablement, extraire des racines carrées de mémoire, mépriser toute forme de religion et faire l'amour en prenant bien garde à satisfaire sa partenaire au niveau vaginal comme au clitoridien. Tout cela ne pouvait suffire à une vie d'homme telle qu'il l'entendait. Maman trouva qu'il exagérait, que sa place était auprès d'elle et qu'il avait encore beaucoup à apprendre. Contre son gré à elle, il s'engagea dans la Compagnie devenue son unique planche de salut et le moyen d'atteindre un autre destin que celui de maquereau pour bourgeoises de bonne réputation. Considérant le peu qu'il savait, il concentra toute son énergie à le cultiver et à l'affiner à l'extrême. Les racines carrées servirent au calcul de ses routes aériennes, l'écriture à la rédaction de ses rapports et son mépris des religions lui évita de perdre son temps en messes et confessions. Pour ce qui est du piano, un outil qu'on ne trouve pas dans toutes les cantines, il avait un truc : il savait imiter sa sonorité, accords et mélodies, grâce à ses cordes vocales. Il fallait l'écouter alors qu'assis devant une table à peine débarrassée de ses assiettes sales et après avoir pris l'air inspiré d'un virtuose, il attaquait pianissimo « La Marche Turque ». On se serait cru à Pleyel.

Après le directeur Michon, le voici chez le responsable du renseignement de la section Delta, le nommé Donald Fuck chargé de lui fournir quelques tuyaux sur les Bénis Fariens.

– Béni Farès ? Attend que je consulte mes fiches. Ah voilà ! En soi un village paisible et sympathique, si ce n'était les indigènes qui l'habitent ! Ce ne sont pas des tendres et ils feront tout pour te nuire, lui avait-il assuré, une chope de bière dans la main droite et la bedaine calée contre le comptoir du bar jouxtant la cantine. Car si Damien méprisait les espions qui racontent toujours n'importe quoi pour se faire mousser, il affectionnait cet homme, bon à peu de choses sauf à clabauder et boire des bières dans les trois bars de la section Delta. J'ai bien connu un pasteur luthérien, continua-t-il, un saint homme qui est passé par Béni Farès en coup de vent. S'il était resté une heure de plus, les habitants lui coupaient les testicules, parfaitement ; les testicules d'un pasteur ! Et en plus d'un pasteur luthérien ! Tu te rends compte ! Ah ! Où allons-nous si les hommes de foi voient leur vie et leurs génitoires menacées par des sauvages qui ignorent le Nouveau Testament et qui trafiquent l'Ancien, dans leur Coran, car ce sont des Mahométans ces bougres, autant qu'une roulette de casino à Las Vegas. Et plus jaloux avec ça que des grands Vizirs ! Ils planquent chez eux les femmes les plus belles avec interdiction de sortir. Seules les vieilles sont dans la rue. Ça t'a un air de délabrement ce village, pourtant agréable comme la Côte d'Azur française, quand on voit ces pauvres vieilleries mal fagotées qui se traînent, le dos chargé de bois ou de flotte autant que des bourricots. Et pour leurs vieux mâles ce n'est pas mieux, immobiles, assis du matin au soir devant la maison, c'est tout juste si on les rentre pour la nuit …

Les opinions du responsable du renseignement, ne pouvaient effrayer un homme au caractère super blindé comme l'était Damien lequel avait fréquenté pendant plusieurs mois, faut-il le rappeler, deux enragés aficionados des Dominicains bruleurs de sorcières. Cependant, même s'il se fichait des parties intimes du pasteur, il en parlera plus tard à Béni Farès avec Ali, le chef du village, au moins pour connaître son opinion. Lequel se souvenait surtout d'un individu qui se disait médecin et qui passa toute une semaine à vérifier la bonne cicatrisation des circoncisions pratiquées par un vieux Mohamed avec un couteau dont on ne voudrait pas pour cueillir les champignons. Ensuite le village le chassa quand le vieux Mohamed, qui n'aimait pas que l'on remette en cause sa science, s'aperçut qu'il tripotait aussi les fillettes et les incirconcis.

6

Le comité d'accueil -qui avait tant effrayé le chauffeur du ronfleur-, est composé de cinq individus enturbannés, de taille moyenne et maigres comme des pieux. Ils sont vêtus, comme le veut la tradition à Béni Farès, et autant que l'on puisse en juger, d'un empilement de pull-overs, de gilets et de chemises sous leur veste ainsi que d'amples pantalons en gros drap. Ils attendent assis à croupetons à l'ombre d'un buisson jouxtant la bicoque la plus proche. Ce sont les représentants des terribles Béni Fariens, les guerriers impitoyables de Donald Fuck, ceux qui ignorent la civilisation et les automobiles Tesla. Damien se rapproche d'eux à pas lents, au moindre geste hostile sa main droite est prête à empoigner la crosse d'un gros pistolet glissé dans sa ceinture. Mais à quoi bon ce geste, se dit-il puisque les munitions sont dans le sac qu'il traine derrière lui en soulevant la poussière, car cette terre quasi biblique n'est que poussière puante. Un sac militaire d'au moins cinquante kilos, une sorte de boulet de bagnard qui, même s'il n'est pas de fonte, est encombrant comme l'amour. Il avait bien tenté de le porter mais entre le premier pas et le deuxième, le sac avait pris un poids déraisonnable. Il faut dire qu'il avait mis dans ce sac tout ce qui lui était cher, plus des livres et même un dictionnaire de langue locale.

Compter sur son pistolet, même chargé, pour se défendre en cas de menace n'était que farce car, dans ce cas faire feu exige au moins de ne pas trembler. Or, comme il est dit plus haut, les cartouches étaient dans le sac, ainsi que l'exigeait le règlement du transport aérien de la Compagnie. Mais, se dit-il pour se réconforter, ces gens là-bas l'ignorent. Il sent quand même, alors qu'il lui reste cent mètres à parcourir, sa gorge soudain se dessécher jusqu'à ressembler à cette terre qu'il piétine. Il aurait préféré que Béni Farès soit vide, un décor pour tenir les rebelles à distance, ou mieux n'existe pas... Et puis, à quoi bon ravitailler en carburant des avions alors qu'il leur suffirait de ne pas voler pour que tout le monde soit tranquille ? Et à quoi bon faire la guerre, et pour qui et pourquoi ? se dit-il en tentant de chasser l'idée de sa mort, préoccupation qui accélère les battements de son cœur jusqu'au niveau d'un coureur cycliste grimpant le Ventoux. Il se sent petit, si petit, perdu à l'autre bout de la planète. Égaré comme un pingouin dans cette steppe appelée plateau des Chèvres, à côté du mont Pelu, de la chaine Zebzeb. Un endroit aussi hostile que la lune. Pour un pingouin.

Les Béni Fariens là-bas, le voyant arriver, se lèvent lentement. Et cette lenteur permet à notre héros de vérifie qu'ils sont bel et bien armés de fusils de chasse, heureusement portés à la bretelle. Armement plus que suffisant pour expédier le visiteur au paradis des mécréants. Ils le détaillent de leurs yeux sombres tandis que Damien avance vers eux d'un pas qui se veut nonchalant et assuré mais qui n'est, en réalité, que le pas d'un vieillard malade et courbatu. Un pas plus précautionneux que celui d'un fakir marchant sur des braises. Leurs regards sans aménité et leurs faciès renfrognés disent clairement qu'ils n'attendent le visiteur ni pour diner ni pour commencer à faire la fête.

À cette distance, au pif, Damien les situe entre vingt et cinquante ans. Du peu que l'on peut apercevoir entre les linges lâches dont ils s'enveloppent le crâne, apparaît un nez en bec d'aigle, des lèvres minces et serrées, une peau sèche, plaquée sur les os et basanée comme une enveloppe de saucisson que l'on aurait piquetée d'une barbe de huit jours. Ils lui rappellent son arrière-grand-père, un paysan chétif et pauvre qui, par économie, ne se rasait qu'une fois par semaine. Comme son aïeul, ils n'ont pas un poil de bedaine. « L'Évangile du dénuement », ainsi que le soutenait Thomas Edward Lawrence d'Arabie en parlant de leur foi en Mahomet. Alors que le bedon du visiteur, ce Damien qui s'avance vers eux est d'un notaire ou d'un banquier de peu de foi. Efflanqués comme des lévriers, ces Béni Fariens lui paraissent pourtant solides et vigoureux. Des gens qui auraient leur place chez les rebelles… Ce sont peut-être même des rebelles ! frémit-il. Ils l'attendent dans l'ombre pour le hacher menu. La peau de Damien frissonne comme sous l'effet d'un vent glacé ; ses poils se hérissent sur les bras et les jambes et même sur son pubis. Il se sent soudain aussi à l'aise qu'un douanier qui surgirait, par hasard, au milieu d'une bande de naufrageurs en action. Lorsqu'il parvient à quelques pas du groupe, l'un d'eux s'avance et lui fait une petite courbette. Les autres n'ont pas bougé, figés dans leur méfiance ou leur indifférence.

– Bienvenue à Béni Farès, mon ami. Tu seras ici comme chez toi. « Car celui qui vient pour goûter de ton sel et partager ton toit, même si c'est un infidèle, doit être traité comme ton fils. » a dit le prophète. Je m'appelle Ali. Les ouvriers ont livré les bidons d'essence pour tes avions avant que tu n'arrives, comme convenu. Ils sont dans ta maison, là-bas. Il fait un grand geste vers l'autre bout du village. Il ne te reste plus qu'à les transporter près de la piste quand tu en auras besoin. Il ajoute pour le convaincre de son honnêteté : Ici, à Béni Farés, personne n'a de tracteur, de camion ou d'auto, alors on n'y a pas touché. Tu pourras faire appel à nous pour les transporter. Nous, c'est-à-dire moi Ali, et mes hommes que voici : Mohamed ben Zerbi, Mohamed ben Kaled, Mohamed ben Arbi et Mohamed ben Mohamed. Il les désigne au fur et à mesure.

– Tous des Mohamed donc ? croasse Damien s'efforçant de se montrer spirituel et en cachant surtout la trouille qui le fait trembler.

– Tous, sauf moi, Ali Farès. Tu ne dois pas avoir peur, nous sommes de loyaux sujets d'Esperanza et, si Dieu le veut, nous allons t'aider à vaincre les guérilléros, la putain de leurs mères.

Damien ne cherche pas à rectifier cette vantardise qui fait de lui, d'un coup, le général en chef des opérations de guérilla. Agréable surprise que cet accueil tout simplement humain et cet Ali qui parle la langue d'Esperanza comme un professeur. Il est donc en terre connue, civilisée. Même s'il doit les former durant quelques heures, les Mohamed d'Ali physiquement seront de parfaits pompistes et manutentionnaires. Néanmoins il maudit les ouvriers qui n'ont pas déposé les bidons près de la piste tant qu'ils y étaient, car même avec l'aide des habitants, les bidons pèsent quand même, pas loin de deux cents kilos pièce. Cet Ali, qui lui a souhaité la bienvenue et qui s'avère être une sorte de chef par qui tout transite, les demandes comme les réponses, lui en fournit l'explication.

– Si tu laisses les bidons trop longtemps au soleil ils pètent. L'essence se dilate comme n'importe quel alcool de thermomètre et fait sauter les sécurités du couvercle. Après, elle se répand partout, comme la guérilla présentement, la mort de ses os.

Damien se garde bien de marquer son étonnement devant la science d'Ali. Il cherche une échappatoire qui lui permette de retomber sur ses pattes et de ne pas perdre la face.

– Ah ? Il fait si chaud que ça ? Il y a des jours plus chauds qu'aujourd'hui ? Réponds-moi Ali mon ami toi dont les souhaits de bienvenue sont allés me chatouiller agréablement le cœur ?

– Aujourd'hui ça va, en ce moment c'est le début du printemps et la nuit est froide, ça compense car la chaleur du jour fatigue énormément l'organisme. Mais bientôt ce sera l'été. La chaleur sera insupportable jour et nuit, les vents de sable traverseront le plateau toutes les semaines, les sauterelles une fois par mois et quelquefois les représentants du gouvernement. Il arrive que les patrouilles de soldats ou de gendarmes apparaissent au loin, surtout depuis que les rebelles se sont installés dans les montagnes. Elles suivent la ligne d'horizon sans jamais s'arrêter chez nous poussées aux fesses par le thermomètre, la trouille et le vent. Personne de sensé ne vient ici, même pour quelques jours, nous donner un coup de main pour installer l'électricité par exemple, ou l'eau courante, voire le téléphone. Non ceux qui viennent, hommes ou bêtes, le font exclusivement pour nous faire chier, que Dieu me pardonne l'expression. On ne se soucie de nous que pour les impôts et même pour ça, Dieu soit loué, parfois on nous oublie. Mais je ne dis pas ça pour vous, mon ami. Vous c'est autre chose, c'est la guerre qui vous pousse ici. L'essentiel est que vous allez nous donner du travail avec les bidons d'essence, grâce à Dieu.

– Et les rebelles, monsieur Ali ?

– Oh ! Eux c'est les trois ensemble, les sauterelles, les gendarmes et les impôts. Ils font parfois une razzia dans le village, emportent un mouton ou deux après avoir taquiné les veuves et les jeunes filles, et quelque fois même les jeunes garçons. Parfois ils restent une heure et le plus souvent deux jours. Ils savent qu'ils ne risquent rien. On est comme sur une autre planète, tout à fait ignorés, sauf de ceux que l'on ne voudrait pas voir. Je ne dis pas ça pour vous, mon ami.

Plus tard lorsqu'ils seront devenus plus familiers, Damien en parfait ethnologue, et au moins pour écrire ce livre, se hasardera à demander à Ali quelques précisions sur leurs mœurs et leur manière de vivre. Car tout de même, être civilisé c'est posséder un réveil, la télévision et des préservatifs. Non ?

– Par exemple, comment faites-vous pour avoir l'heure ?

– Nous regardons le soleil. Nous savons où il se lève et où il se couche. Le berger avec l'ombre de son bâton sait quelle heure il est, approximativement. Pour rentrer les bêtes nous attendons que la nuit tombe et pour manger c'est quand nous avons faim. Moi j'ai mon horloge « Vedette » ramenée de Constantz, un cartel en bois ciselé façon coucou autrichien, qui sonne les quarts d'heure et les heures avec la musique de Big Ben. On vient me voir quand il faut connaître une heure précise et des fois rien que pour l'écouter sonner. Les gens d'ici ne sont pas à cheval sur la ponctualité et ne se donnent pas des rendez-vous précis. On va chez l'un ou chez l'autre sans plus de précautions, mais avant d'entrer, souvenez-vous-en mon ami, il faut tousser pour avertir les femmes. Quand on oublie de tousser c'est qu'elles sont jolies et valent le coup d'œil.

– Et pour savoir quel jour nous sommes ? Et quelle est la saison ?

– Le vieux Mohamed ben Mouloud ben Kefir, qui est le seul à avoir fait le grand pèlerinage dans sa jeunesse, tient le calendrier à jour avec des bâtons tracés sur un mur : rouge le lundi, jaune le mardi, vert le mercredi et ainsi de suite. Pour les saisons, c'est plus compliqué. Le vieux Mohamed a appris de son père la marche des étoiles qui la tenait de son père, et son père de ses aïeux que Dieu les bénisse. « Quand la bique est au zénith, nous dit-il, alors le printemps n'est qu'à deux lunes et il est temps de préparer le jardin pour les semis de tomates et de concombres… » Il sait à quel moment il faut semer en accord avec la lune, faire les fromages, tondre les brebis et castrer les agneaux, et même se marier. On sait aussi que le niveau d'eau du puits augmente brusquement au début de l'été et baisse au milieu de l'automne. Tout va bien tant que le vieux Mohamed instruit son fils sur la marche du ciel, du soleil et de la lune et tant que son fils instruira son fils. Il y a longtemps, un capitaine de spahis nous a donné un agenda perpétuel avec un calendrier et les indications de date pour les travaux des champs. Personne ne l'a ouvert sauf moi puisque je suis le seul à savoir lire, quand je dis de faire ce que prévoit l'agenda personne n'écoute et même tout le monde rigole. Et tant mieux, car seul le vieux Mohamed a raison. Il faut dire que l'agenda ne concerne que les paysans d'Australie. Et Ali partit d'un grand éclat de rire.

– Et la nuit pour vous éclairer et vous diriger dehors ?

– Comme nous n'avons pas d'électricité, nous nous éclairons avec la graisse de mouton, ça fume et ça sent mauvais mais on voit sa femme et ses enfants, c'est suffisant. J'ai une lampe torche et des piles de rechange pour le cas où il faudrait retrouver un mouton égaré ou un enfant. La nuit nous n'allons jamais bien loin, et la lune, quand elle ne fait pas sa mauvaise tête, nous éclaire suffisamment. Il faut dire qu'ici nous avons souvent des nuages mais qui vont déverser leur eau sur la montagne qui n'en a pas besoin. Alors que nous…

– Et un imam ?

– Nous n'en avons pas ; c'est une engeance bonne à rien d'autre qu'à se faire nourrir en échange de ses salamalecs insanes, comme on dit chez les chrétiens. Un fainéant qui n'a pas sa place chez nous... Il en est pourtant venu un, il y a longtemps. Il voulait nous ramener au temps des Omeyyades. Il est pratiquement mort de faim. Moi, je conseille la communauté dans la mesure de mes moyens et ça marche car ici personne ne veut pousser son voisin vers le paradis.

7

Le fait est que Béni Farès, qualifié pourtant de bled agréable par Donald Fuck, ressemble plus à un campement de Manouches, à une favela de clochards perdue sur un satellite de Jupiter, qu'à une sympathique localité espéranzaise. On peut apercevoir de magnifiques villages le long de la côte, roses, ocres, blancs, avec leurs maisonnettes entourées de gazon bien tondu et abondamment arrosé. Mais tout autour de Béni Farès, ce n'est qu'une vaste étendue d'armoise et d'alfa, une herbe haute, coupante, dure et sèche, poussant çà et là par touffes dans la terre craquelée par la sécheresse. Une deux douzaines d'arbres courageux et têtus, quelques acacias guère plus hauts que les toits, des amandiers, des figuiers et des oliviers, croissent péniblement dans des enclos près des maisons. Les propriétaires et leur famille, confie Ali, pour ne pas gaspiller l'eau viennent pisser au pied des troncs chaque fois qu'une envie les prend. La vérité m'oblige à signaler qu'Ali possède aussi, en plus de deux figuiers et quatre oliviers, trois dattiers, deux citronniers et deux orangers. Ce qui en fait le propriétaire le plus aisé du village, ce qu'il nie évidemment ; et sa famille la plus pisseuse entre toutes. Les riches qui savent qu'il y a toujours plus riche qu'eux se considèrent, et c'est normal, presque toujours comme des pauvres.

Au plus loin que porte le regard, il n'y a pas d'autres masures ; ce que Damien avait déjà constaté depuis le Ronfleur. Sur le fond de l'horizon, vers l'est, se déploie la chaîne de montagnes de Zebzeb. Jaunâtres et mauves, aiguës telles des dents de requins, empilées les unes sur les autres comme éboulées de la veille, se dressent les roches du mont Pelu, la crête la plus proche. C'est le repère des rebelles honnis que la Compagnie et la section Delta, appuyée par son aviation, vont transformer en ratatouille dans pas longtemps. Pourquoi moi ? s'était demandé Damien après être sorti du bureau de Michon. Il s'était confié à Plouque, le directeur adjoint.

– Vous vous faites des idées en supposant que Michon cherche à se débarrasser de vous en vous envoyant à Béni Farès, avait grogné Plouque. Il vous expédie là-bas parce qu'il n'a personne de suffisamment astucieux et humain, capable de tenir un mois loin d'un bar et de se nourrir comme un navigateur solitaire de lait en poudre, de couscous et de cassoulet déshydratés. Accessoirement, ce phénomène devra être capable de se défendre seul contre une bande de guérilléros s'il leur arrive d'avoir envie de son scalp, car comme vous le savez, les rebelles ne sont pas loin. Néanmoins nos services de renseignements nous ont fait savoir que ces rebelles-là sont couards comme des dindons, mal commandés par un ancien ténor d'opéra, un spécialiste de Carmen, mal nourris et mal armés, donc finalement vous n'avez rien à craindre d'eux. Je vous recommande toutefois de ne jamais baisser votre garde. Vous me comprenez ? Les habitants de Béni Farès eux-mêmes ne sont pas sûrs à cent pour cent. Il y a forcément dans ce village de mauvaises brebis qui, pour des raisons indéfendables, détestent notre chère patrie. Il ne vous est pas interdit toutefois de former une milice, mais il vous faudra nous en rendre compte. Vous ferez en sorte que cette milice ne soit pas trop opérationnelle ni trop bien entrainée, on ne sait jamais, il pourrait lui prendre des idées de rébellion à son tour. Et pour ce qui est des femmes et de l'alcool, interdit ! Strictement ! Verboten ! De toute manière il ne reste plus dans ce village que des gonzesses hors d'âge ou des jeunettes moches comme des clarinettes. Les plus jolies ont suivi les caravanes qui passent. Dieu seul sait où elles sont aujourd'hui !

– Je pourrai quand même honorer une chèvre, de temps en temps ? demanda courtoisement Damien. Un mois c'est long, même pour un héros.

– Si elle sait tenir sa langue et se montrer discrète, alors oui, vous pourrez. Mais je me méfie des confidences sur l'oreiller.

Celui qui tenait ces forts et distingués propos était né à Pont-Saint-Esprit (France). Un métis de Chinois et de Caucasienne, naturalisé Espéranzais à l'âge de huit ans, qui connaissait toutes les fumeries d'opium des bords de la Méditerranée. Aujourd'hui il faisait venir sa drogue d'Afghanistan par la poste et certains soirs remplissait de fumée tout l'immeuble de la rue Jacques-Martin à Constantz où il avait son appartement. Il était efficace dans son travail autant que Michon, qu'il admirait et dont un portrait dédicacé ornait son bureau. Il était malheureusement en permanence entre deux drogues, ce qui empâtaient son élocution et lui faisaient prendre la lune pour le soleil, et vice et versa.

Il se murmurait, à la cantine, depuis que la création de la piste avait été annoncée, que Hache, le ponte de la Compagnie qui avait soutenu le choix de Béni Farès afin d'y installer l'aérodrome stratégique, l'avait fait parce qu'il était situé sur les terres incultes que son beau-frère ministre de l'Intérieur, spécialiste en faux en écriture, s'était vu offrir par le premier ministre, un copain d'école. Terres qu'il abandonnera rapidement après avoir été accusé de viol par une pilote de Perruche, un hélicoptère, et par sa copine mécanicienne, un scandale dévoilé par un journal satirique, mais seulement après avoir touché les loyers versés par la Compagnie pour la location de la piste. La qualité du sol, beaucoup de cailloux et peu d'humus, ne le désespérait pas et il s'était juré, dans un instant de folie éthylique, d'y faire un jour pousser de la vigne. Ou des poireaux. Ou des choux de Bruxelles. Ce fameux terrain après le travail des Légionnaires de la paix, était relativement plat, relativement débarrassé de ses taupinières mais à des années-lumière d'un bar. Il avait aussi la bonne longueur pour que se posent les avions à hélice de la Compagnie. Il était éloigné de la première bicoque du village de trois cents mètres environ.

Et que dire de plus de Béni Farès ? Que c'est un endroit paumé, mais ça je l'ai déjà dit ; qu'il rassemble deux centaines d'habitants dans une vingtaine de maisons ouvertes sur la rue, un espace rectiligne est-ouest défoncé et jaunâtre, avec autant de bergeries, de jardinets et d'enclos accolés aux masures. En fait rien d'une station balnéaire, découvrira Damien. Et même pourrait-on dire, rien d'un village comme on les aime.

Le petit groupe des Mohamed entoure maintenant notre héros. Ali le considère avec confiance puisqu'il n'est ni un rebelle naturellement, ni un gendarme, ni un percepteur et pas non plus une sauterelle. Damien ne sent pas ces gens vraiment amicaux, méfiants plutôt mais pas agressifs non plus. Un poil curieux aussi, impatient de voir de près et de toucher ce touriste tombé du ciel, ce routard en mal d'exotisme débarqué à Béni Farès comme à Rio de Janeiro. Coiffé d'un chapeau verdâtre de pêcheur à la ligne, vêtu d'un short kaki multi poches, d'une chemisette bariolée et chaussé d'espadrilles espagnoles, il est quasiment nu sous le soleil. À part ses lunettes de soleil Ray Ban venues tout droit des Etats Unis, un cadeau de Plouque, qui vont lui protéger la vue, le reste -avant- bras, nuque, joues et mollets- est à la merci des UV qui lui rougissent déjà sa peau délicate de blond.

Dans l'esprit de l'adjoint de Michon, s'il fallait un jour identifier les ossements blanchâtres d'un cadavre vautré au soleil dans une pampa pleine d'ennemis, ces lunettes fourniraient la preuve de l'appartenance indubitable à la Compagnie. Plouque avait été formé aux USA par la CIA, et en avait ramené une cantine pleine de gadgets, dont ces lunettes de soleil qu'il distribuait comme des médailles mais aussi comme des plaques d'identification. La Compagnie n'avait pas jugé bon de munir ses hommes de ces plaques ; trop chères et ses soldats n'avaient pas vocation d'être massacrés. Au contraire. Damien avait cru comprendre naïvement que c'était pour le consoler de son exil et le féliciter d'avoir réussi une série de tests qui lui permettraient, dans pas trop longtemps, de passer sous-chef d'escadrille dans la section Delta. Il aurait préféré se voir offrir un de ces petits émetteur-récepteur radio que les espions et les agents de la CIA se fourrent dans les oreilles pour écouter les ordres, ou la musique sur la bande FM. Mais à Béni Farès cela ne lui aurait servi à rien, car il n'y avait pas d'antenne visible, le contraire eut été étonnant, et pas non plus de boss avec qui dialoguer. Damien aimait beaucoup la radio, la seule invention capable de vous mettre en relation avec des humains inconnus qui ne vous veulent pas de mal. Ah jeunesse trop confiante et trop idéaliste qui sera plus tard remise à sa place par les réseaux sociaux d'Internet. Hélas pour Damien ! Un amour mal placé. Ses déboires futurs, si vous lisez ce roman jusqu'au bout, prendront leur source dans un émetteur-récepteur radio, militaire et américain de surcroit.

Après avoir tripoté la chemisette bariolée, rigolé franchement de son short et de ses espadrilles, tapoté son ventre de bien nourri -bide qu'il perdra dans les quinze jours-, les Mohamed, l'un après l'autre, lui serrèrent la main. Une vraie poignée de main, pas une espèce de bouillie de phalanges au bout d'un avant-bras qui peine à les porter, comme il arrive d'en rencontrer dans les cocktails chez des mâles épuisés d'avoir tenu leur verre trop longtemps. Tous parlaient une langue espéranzaise réduite à quelques centaines de mots et mêlée de patois local. Sauf Ali qui avait vécu six mois de martyr à cueillir des fraises pas loin de Constantz, à ce que Damien avait cru comprendre, et qui maitrisait parfaitement la langue et sa grammaire. Ali et Damien discuteront souvent des mérites respectifs de la province, de la côte, de Constantz, de Mater et de Béni Farès et toujours en concluant comme Voltaire et Pangloss que l'on est bien là où on a sa femme, sa maison et son jardin. Ce qui représente finalement le meilleur des mondes possibles. Ali était également, car personne n'est constant dans ses choix, la proie d'aspirations contraires : Une fois il parlait de s'exiler loin d'Esperanza, au Liban par exemple, l'instant d'après il projetait de forer le plateau des chèvres pour y trouver de l'eau et y cultiver en grand des dattiers et des melons.

La maison d'Ali, la première en venant de la piste, ressemble à toutes les autres, murs en torchis, toiture d'alfa en bottes se chevauchant, fortement liées entre elles et à la charpente. À part que cette maison est plus grande et plus haute que ses voisines de plusieurs coudées franches espéranzaises (0,49 m). Mais Damien est trop abruti par la chaleur et le voyage pour en apprécier le confort et surtout l'esthétique. C'est assis sur des tapis, dans une relative fraicheur que son hôte lui offre un thé brûlant en signe de bienvenue. Tout le monde, y compris les Mohamed, s'est installé dans la pièce où vit la famille, après que femmes et enfants en fussent chassés. Il lui avait montré avec fierté son cartel autrichien en bois peint, décoré d'une scène bucolique et pastorale. Il avait dû expliquer à tout Béni Farès que ce qui gambadait dans l'herbe grasse et verte n'étaient pas des chèvres d'une race particulière ou des gazelles, mais des biches et des cerfs.

– Après le thé, on ira chez toi, dit Ali en se tournant vers Damien, mais on a le temps. C'est une bergerie transformée par les ouvriers de la Compagnie en maison d'habitation et poste de commandement. Bien que la différence entre l'habitation et le poste de commandement ne saute pas aux yeux. Mais c'est devenu une belle maison, je te le garantis.

– À qui appartenait cette bergerie ? demande Damien.

– À moi, répond modestement Ali. Il n'y avait que cette bicoque de libre et la Compagnie l'a payée les yeux de la tête. Les Mohamed à ce rappel se tordent de rire avec force grimaces complices en direction d'Ali. Après, je la récupèrerai pour moi, c'est prévu comme ça par contrat avec la Compagnie. Mais c'est d'abord affirme-t-il avec fierté, tandis que la bande de Mohamed acquiesce le visage soudain grave, la maison du Commandant du camp d'aviation de Béni Farès. Un peu comme il aurait dit : C'est la Maison Blanche ou l'aéroport de Paris Charles de Gaulle. Maintenant, elle vaut des zozos (1), des milliers de zozos. Tu verras, c'est la dernière maison en bout de rue, côté montagne, ce qui veut dire qu'elle est exposée aux tirs des rebelles. Pour peu qu'ils possèdent un petit canon ou qu'ils se lancent dans une fantasia qui les conduise jusqu'ici. Mais si je te dis ça mon ami, ce n'est pas pour te faire peur mais pour te prévenir, on ne sait jamais.

– Merci, chevrote Damien.

(1) Zozos : monnaie espéranzaise 1 zozo vaut 25 dollars US et 0,05 liang sino-africain.

8

Traverser le village dans son unique rue pour atteindre la maison du Commandant du camp d'aviation, quand on y réfléchit bien, pose de réels problèmes de sécurité. Malgré les vœux de paix et de bienvenue d'Ali, n'importe quel branquignol, depuis la fenêtre ou la porte de l'une quelconque des masures, peut flinguer Damien, juste pour faire un carton sur ce mécréant tombé du ciel. Car on est ici en terre musulmane, et peut-être même en terre rebelle. Avant de s'élancer dans la rue, Damien hébété par le contraste fraicheur-soleil se fige durant quelques secondes sur le seuil de la maison d'Ali. Également pour inspecter les alentours. En face, le soleil ronfle et darde comme un feu de forge et lui cuit les mollets et les joues. Une fois encore il se demande ce qu'il fiche là, si loin des bars, de la plage et des vagues, au milieu de ces Mohamed rugueux et ricaneurs. Par bonheur, la rue est sillonnée par des gens, hommes et femmes, qui semblent se soucier de lui comme d'une guigne et vaquent à leurs affaires, le cœur tranquille. Reprenant conscience des lieux, il inspecte la rue, les portes et les fenêtres les plus proches. Il ne faut se fier à rien et à personne, se dit-il, Landru avant de ratiboiser ses victimes présentait une bonne tête d'innocent et de paisible contribuable.

Il aurait dû démissionner et quitter la Compagnie dès que Michon a parlé de cette mission, réfléchit-il encore. Une mission qu'il ne sent pas. Il va imposer à ces gens la noria bruyante des avions qui se poseront et décolleront, jour et nuit pendant un temps indéterminé mais largement plus d'une semaine. La présence des pilotes, et peut-être des mécaniciens pour peu qu'un avion tombe en panne, pèsera sur le village comme une plaie ajoutée à leur misère. Une contribution forcée, même si le dénommé Ali pense en tirer profit, contribution qu'ils accepteront avec autant de joie que si on leur imposait de recevoir cent coups de fouet. Une fois les opérations terminées et lui partit, même si la plupart des rebelles sont liquidés, il en restera toujours assez pour venir se venger de Béni Farès et de ses habitants collaborateurs.

Ali, étonné par le silence morose de ce curieux commandant du camp d'aviation planté devant son seuil telle une borne kilométrique, donne le signal du départ. Lui et sa bande, pour bien montrer qu'ils sont au mieux avec l'étranger mais qu'ils sont toujours maîtres chez eux, l'encadrent et l'escortent comme s'il s'agissait d'un condamné que l'on traîne vers la potence. Attelé à son sac qu'il a, encore moins que tout à l'heure, de la peine à mettre sur son dos, Damien sue et peine comme un forçat en soulevant la poussière derrière lui. Il avait espéré que l'un des Mohamed se chargerait du sac mais bernique, ces gars-là n'ont pas un tempérament de domestique et sont peu enclins à rendre service ; à moins qu'ils ne soient particulièrement flemmards. Pendant ce temps, ces derniers chassent de la main et houspillent de la voix les cinq ou six gosses qui piaulent et sautillent autour d'eux. Les hommes relativement jeunes, croisés sur cette chaussée à peine plus large qu'une ruelle de Constantza, marchent vivement pour se soustraire au soleil. Ils sont affublés de vestes déchirées et usées jusqu'à la doublure dont les poches devenues énormes servent à transporter le petit bois ramassé pendant la garde des troupeaux.

Petit bois et brindilles recherchés, car rares, apportés sans doute par le vent depuis les montagnes et indispensables pour cuire la nourriture et chauffer l'eau du thé. Basanés, secs et maigres comme des poissons séchés, quelques habitants mâles regardent passer Damien avec le regard sombre et sans illusions de celui pour qui le lendemain sera probablement pire qu'aujourd'hui. Les vieux, plus haillonneux encore que les jeunes, sont assis sur des sièges de fortune devant leur maison. Curieux comme tous les vieux du monde, ils regardent l'étrange cortège en silence et le visage plus impassible que des morts dont ils ont la couleur cireuse. Beaucoup sont tout simplement endormis mais la plupart, il le découvrira plus tard, sont crispés et figés par la faim.

– Ils sont nourris bien sûr, expliquera Ali, mais jamais en quantité suffisante puisqu'ils ne travaillent plus.

Cruauté des indigents. Réveillés par les glapissements des gosses, les vieillards se raidissent sur leur siège de bric et de broc, comme apeurés. Sortis de leur torpeur ils crachent ostensiblement devant eux, dans la poussière une maigre salive. Pour montrer leur mépris de celui qui vient sans être invité, suppose Damien à moins que ce soit destiné à Ali et à sa bande. Certains pris de panique fuient vers leur maison en trainant leur siège vers l'ombre protectrice des pergolas qui les jouxtent. Sous leur toit de palmes ou de canisse, l'ombre est fraiche À peine installés ils subissent les insultes et les quolibets des femmes qui préparent le repas du soir et qu'ils gênent. Comment font-ils pour supporter le soleil et la poussière de la rue sans broncher et toute la journée en temps ordinaire ?

– Leur sang est pauvre, et leurs forces sont faibles, répond Ali.

Les enfants quasi nus, majoritairement des garçons de huit ou dix ans, rejoints par ceux qui sortent des masures au fur et à mesure où le groupe avance, piaillent et crient des mots incohérents. Tous sont collants comme chewing-gum ou caramel. Ce sont d'ailleurs les surnoms que Damien donnera à deux d'entre eux, deux glus dont il ne parviendra jamais à se débarrasser tout à fait, même pour aller au petit coin. Chassés sans ménagements par Ali, ils se regroupent dix mètres plus bas avant de revenir à la charge. Que veulent-ils ?

– Ils te prennent pour un démon, un démon aux poches bourrées de sucreries, ce poison des villes qui fait tomber les dents.

Un vent venu du fond lointain du plateau se met brusquement à souffler en soulevant des nuages de poussière qui enveloppent les gens et les maisons, obligeant Damien à se couvrir le visage avec un mouchoir. Ali et ses compagnons se contentent de dérouler promptement une partie de leur turban pour se faire un écran devant la bouche. Saloperie d'endroit, pense Damien, pire il n'y a pas ; il faudra s'habituer, si j'y parviens. Par bonheur l'épreuve ne durera qu'un mois ! Au bout de quelques minutes le vent cesse comme il est venu, sans prévenir. Et la chaleur retombe, implacable. Les maisons, simples cubes terreux de peu de surface et sans étage, sont alignées, tels des soldats merdeux, de part et d'autre de cette rue miséreuse. De nombreuses venelles, étroits passages entre les bicoques qui s'ouvrent sur la rue, permettent d'accéder sur l'arrière à des bergeries, à des jardins cultivés de poivrons, melons et tomates, et à des enclos où les chèvres et les poules tournent en rond. À peu près à mi-distance des extrémités de la rue, une placette entoure un puits, un simple trou creusé en son centre. C'est le cœur du village.

– C’est ici que se tiennent les conciliabules des anciens, que l’on informe les habitants d’un évènement important ou que se tiennent les fêtes et les marchés, explique Ali. C’est là aussi que celui qui a quelque chose à reprocher à un autre, ou qui tout simplement vient se plaindre ou même qui a une idée, ce qui est rare, qu’il veut faire partager, déroule ses griefs et ses arguments devant le vieux Mohamed ben Mouloud et deux ou trois autres chibanis. C’est ici aussi que se déroulent les cérémonies, mariages et naissances ainsi que le sacrifice rituel du mouton et le méchoui qui s’ensuit...

Quelques visages de femmes se montrent lorsque se soulève le bout de tissu qui masque l’unique fenêtre dans ce qui tient lieu de chambre à coucher et de séjour. Apparitions et regards furtifs, parfois sombres et énigmatiques, souvent perplexes face à ce défilé qui brasse et soulève la poussière. Damien en passant, a droit au sourire léger de celle qui l’aidera plus tard à tenir sa baraque et fera bien plus encore. Aujourd’hui, quarante ans plus tard, sa mémoire restitue parfaitement son minois triangulaire, ses yeux profondément enfoncés, bordés de longs cils plus noirs que le mascara qui les borde. Son sourire gracieux, sur des dents d’une blancheur à faire pâlir d’envie les starlettes de Cannes, est toujours présent dans sa mémoire. Elle était ce jour-là sur le pas de sa porte enveloppée à peine du haïk qui laissait voir ses cheveux brun-roux et son visage, et même ses mollets nus sous une ample jupe brune. Personne dans l’escorte ne fit de réflexions devant cette femme qui se montrait sans pudeur à un étranger, au contraire les Mohamed et Ali la saluèrent avec respect. Elle se nommait Fatima.

9

Damien avait écouté avec passion, et étonnement, les souvenirs intimes des anciens de la Compagnie, lorsqu'ils revenaient d'un séjour en Asie ou en Afrique. On s'étonne facilement lorsque de plus aguerris parlent des femmes du bout du monde. L'imagination de l'auditeur, et celle du conteur, les parent d'une beauté, et de qualités, qu'elles n'ont évidemment pas. Mais puisqu'elles ont plu à Pierre, Paul ou Jacques, c'est qu'elles devaient sortir de l'ordinaire. Ces derniers ne tarissaient pas de louanges à propos de ces maîtresses indigènes, abandonnées ensuite sur place pour des raisons pratiques par ces messieurs, avec un bébé souvent, ce qui ne choquait personne et eux moins encore. À les entendre aucune femme d'Esperanza ne leur arrivait à la cheville. Ces femmes lointaines étaient les meilleures pour la douceur et la tranquillité de leur humeur, la qualité de leur cuisine et pour tout ce qui avait trait à l'amour. Elles cuisinaient divinement des plats exotiques dont aucun ne parvenait à donner les composants, à part le riz et peut être la viande de ragondin qui pullule dans ces contrées reculées. Elles vous faisaient l'amour selon des rites compliqués et lents qui exacerbaient le désir, mais qu'ils estimaient impossibles à enseigner à une Esperanzaise faute de se souvenir précisément du rituel. Pour Damien, Fatima appartenait à cette catégorie de femmes lointaines lorsque vieillissant il se penchera sur ses souvenirs.

Regina, sa petite amie qui était censée l'attendre à Constantz, ne possédait pas le dixième des qualités de Fatima. Même les copines de petite maman se plaçaient loin derrière pour l'amour et les qualités humaines de base. Regina et ces dames ne surpassaient Fatima, et toutes les femmes de Béni Farès, que pour leur infidélité chronique. Fatima, est-il besoin d'ajouter cuisinait comme il faut, c'est-à-dire qu'elle ne confondait pas le sel et la poudre à récurer et que ses plats étaient cuits comme elle croyait qu'ils devaient l'être, c'est-à-dire quasi carbonisés ou pratiquement crus. Mais à la décharge de Fatima, Damien n'était guère difficile à nourrir, les premiers temps de son séjour à Béni Farès pouvaient en témoigner. Tout ceci pour dire qu'à Béni Farès comme ailleurs dans Esperanza, les femmes avaient du tempérament et quelques talents, qu'il fallait toutefois déceler, autant que chez les exotiques du bout du monde.

En découvrant la « demeure princière », dixit Ali, qu'était la maison du chef du camp d'aviation, les nerfs de Damien, très malmenés depuis quelques temps, le lâchent. Une brutale et irrésistible envie de pleurer et de s'asseoir par terre, dans la poussière de la rue, s'empare de lui en même temps que l'intention ferme de ne se relever que dans un mois. Avant de quitter Constantz, il imaginait une sorte de maisonnette comme on peut en voir dans la campagne anglaise, proprette avec plein de fenêtres à petits carreaux, des haies de buis, de la vigne vierge en façade et un toit rose. En découvrant ce clapier, pas d'hésitation, c'est sûr, il aurait dû démissionner dès l'annonce de sa mission. Il lui faut pourtant rassembler toute son énergie et sa fierté pour ne pas s'effondrer et ravaler son amertume. Il savait aussi, comme le lui avait dit le chef du renseignement, que la moindre faiblesse de sa part serait exploitée contre lui par ses hôtes, et peut être aussi par les rebelles. Cette hutte primitive, dans ce trou perdu, dans cet anus de rat espéranzais, pays pourtant riche en sites de cet ordre, ne peut que distiller à tout visiteur étranger croisant dans les parages un message de désespoir total. Du genre : « abandonne toute prétention, oublie tout de ton passé, car ici l'avenir ne ressemblera jamais à ce que tu pourrais espérer ou imaginer ». Les villes d'Esperanza, en particulier celles en bord de mer, habituées aux visiteurs de passage sont accueillantes comme des jeunes mariées, mais dès que l'on s'enfonce dans le bled et la montagne, loin des sous-préfectures c'est misère, crasse et compagnie.

Les enfants de nouveau l'entourent. Profitant de sa stupéfaction certains le palpent comme pour s'assurer qu'il est bien vivant, encore vivant après cette épreuve. Ils veulent aussi qu'on les regarde et qu'on leur parle. Éventuellement qu'on leur donne une piécette, un zozo d'Esperanza dont ils n'auront pas l'usage, ou des bonbons que Damien n'a pas.

– Ce qui leur ferait plaisir ? C'est ce qu'il y a dans les vitrines de Constantz, les jouets, les bonbons, la barbe à papa, auxquels ils n'auront jamais accès, marmonne Ali pour répondre à Damien. Chez nous, ajoute-t-il, les enfants sont des biens précieux mais pas au point de se ruiner pour eux. Ils ne vont même plus à l'école depuis plus d'un an, faute d'instituteur. Le gouvernement nous avait envoyé un dénommé El Badiou, un des derniers maoïstes répertoriés du pays. Si tôt arrivé, il est parti rejoindre les rebelles après avoir fichu le feu dans l'école et détruit l'autobus qui ramassait les enfants. Alors pour eux, faire un voyage vers la métropole et visiter la Grande Mosquée ou les souks, autant espérer aller sur la lune.

Trois ou quatre chèvres se détachent d'un troupeau en train de paitre derrière la maison, sur la bande de terre qui s'appelle le Plateau des chèvres et qui commence au bout de la rue. Comme des chiens policiers, elles viennent renifler Damien son entre jambe et son sac d'un air dégoûté. L'une d'elles s'empare du magazine de la Compagnie, une dizaine de feuillets rédigés par les directeurs qui y rivalisent de roublardise et de vantardise, feuillets qui apparaissent par l'ouverture d'une poche de son sac. Le responsable chargé de sa diffusion l'avait fourré là avant le départ de Damien. Elles se le partagent non sans bagarres réglées à coups de cornes, ce qui excite les gamins et fait rire les Mohamed décidément très sensibles à toute forme d'humour brut. Une fois séparées par le berger, les voici qui grignotent les feuillets comme le meilleur des rameaux.

Revenons à la maison du chef du camp d'aviation. Pour l'extérieur, elle ressemble à toutes les autres, bâtie de boue et d'alfa mélangé avec un toit plat, une terrasse en terre comme en possèdent quelques maisons et une fenêtre qui donne sur la rue. La fenêtre, dispose de battants vitrés et d'un volet de bois alors que les autres masures se satisfont d'un morceau de tissu. Une pergola avec des chevrons et une armature de bois sain, couverte d'alfa séché prolonge le pignon qui fait face au plateau.

– Mauvais choix, commente Ali en ricanant, car c'est de là que vient le vent. On leur a dit mais impossible de faire autrement, les maisons se touchent presque et pas question d'en démolir une pour le bon plaisir et le confort du chef du camp d'aviation.

Un petit appentis, sans destination évidente à première vue, est adossé au mur derrière la maison. Le tout est d'une couleur indéfinissable entre le caca d'oie et le boueux. La porte, le volet et sa fenêtre en revanche sont peints d'une jolie couleur kaki, aussi pimpante que celle qui illumine les chars d'assaut américains. Exactement la couleur qui recouvre les murs intérieurs du mausolée du premier directeur de la Compagnie, fusillé lors de la première révolution dite « Des pêches de vignes ». On lui reprochait d'avoir perdu la première bataille des « Rizières pourpres ». Et de s'être enfui en France ensuite. Mais depuis réhabilité par des historiens de renom, dont ses deux fils et sa fille.

Donc, comme il est dit plus haut, c'est après force soupirs et en mobilisant énormément d'énergie et de volonté que Damien posa un pied devant l'autre avant de pousser la porte de sa demeure. Demeure très provisoire quand même. Prêt à toutes les surprises, il découvre une grande pièce chaulée blanche d'une cinquantaine de mètres carrés, bien éclairée par l'unique fenêtre. Un bon point : il y fait frais comme dans une cave alors que dehors la chaleur est à son paroxysme. La porte de gros bois est censée fermer à clé avec même un verrou de sûreté côté intérieur, un luxe. Aujourd'hui, et certainement comme hier, elle n'est pas verrouillée et la clé est sur la serrure. Ce qui dénote de la part du dernier occupant une grande confiance vis à vis des villageois. Une confiance qui a évité aux Mohamed et aux autres de la défoncer pour satisfaire leur curiosité. Mais évidemment pas de téléphone, ni de radio, ni d'eau courante, pas même un groupe électrogène.

– Il y en avait un tout neuf, admet Ali, une petite machine installée par la Compagnie sous la pergola, mais qui est maintenant aux mains des rebelles. Des voleurs indignes de vivre que Dieu châtiera tôt ou tard. Ils sont venus la piquer au cours d'un raid de nuit avant que quiconque ne puisse en vérifier le fonctionnement, ce qui fait qu'ils n'ont peut-être volé qu'un tas de ferraille dans le meilleur des cas. Vol qui a mis les ouvriers de la Compagnie dans une rogne épouvantable. L'officier qui commandait les gardes avait voulu savoir qui, dans le village avait informé les rebelles. Après huit jours d'interrogatoire patient, ou brutal, il avait renoncé. Même les baffes et les brûlures de cigarette de son adjoint n'avaient donné aucun résultat. Le vieux Mohamed prétend que les rebelles savent ce qui se passe dans Béni Farès grâce aux esprits qu'ils commandent et font parler.

– Ont-ils au moins de l'essence ordinaire dans leur montagne pour faire fonctionner cet appareil, demande Damien ? Et puis que veulent-ils éclairer ?

Ces questions surprennent Ali qui fait une moue sceptique.

– Non, je ne crois pas que ce truc leur serve à quelque chose, c'était juste pour emmerder les gardes et les ouvriers de la Compagnie, répond-il après réflexion. Ils trouveront bien a le revendre, les acheteurs ne manqueront pas.

Ali vadrouille dans la pièce comme chez lui. Il se faufile à travers un foutoir de meubles empilés les uns sur les autres pour montrer à Damien les bidons de 200 litres d'essence pour avion alignés au fond de la pièce contre le mur pignon. Damien est surpris de voir avec quelle désinvolture des gens, les Légionnaires de la paix, censés installer un campement confortable ont abandonné le mobilier pêle-mêle et même carrément en tas. Un tas qui touche le plafond dans lequel on reconnaît des éléments de lit, des morceaux de chaises et de tables pliantes. Je ferai le ménage et l'inventaire si possible aujourd'hui même, au moins pour m'assurer un minimum de confort avant la nuit, réfléchit Damien. Dans la semaine, j'inviterai le village pour le thé, manière de faire connaissance si je dégote du thé, du sucre et une casserole dans ce bordel. Le directeur adjoint avait pourtant affirmé que pour Béni Farès, la

Compagnie avait tout prévu, y compris ce qu'il faut de gamelles et de vivres pour un mois. Mais allez donc croire ces gens…

– Les gardes pas bons, râle l'un des Mohamed, un gaillard bourru au crâne rasé sous le turban enroulé à la va-vite et vêtu pour le haut d'un blouson de battle-dress verdâtre auquel il manque la moitié des boutons.

– Les gardes pas bons ? répète Damien sorti de sa rêverie.

– Des hommes armés, une demi-douzaine de poivrots, explique Ali, chargés de protéger les ouvriers des incursions des rebelles.

– Oui. Boire toujours de la bière. Tous les soirs, continue le Mohamed. Après, attraper nos femmes et nos filles dans la rue.

– Attraper ? Dans la rue ? Réitère bêtement Damien.

– Il veut dire embêter quand elles se promenaient ou allaient chercher de l'eau, rectifie Ali. Ils faisaient des réflexions grossières, les appelaient gazelles, les sifflaient, les prenaient par le bras ou la taille, discutaient avec elles et leur donnaient des rendez-vous. Les frères et les maris n'étaient pas contents…

– J'aurai besoin de gars pour faire le plein des avions, coupe Damien, autant pour tâter le terrain que pour éloigner ce genre de discussion en forme d'avertissement dont il n'a que faire. Je leur montrerai comment procéder, ce n'est pas difficile et ils seront payés.

– Tout ce que tu voudras en hommes. Cinq zozos de l'heure, payés à moi seul, et en cash dans la monnaie d'Esperanza, ou en dollars US, répond Ali.

– Ok.

Damien, non sans avoir buté dix fois sur les meubles qui dépassent traitreusement des tas, compte une dizaine de bidons du Service des essences de la Compagnie disposés au fond de la pièce côté pergola. Ce qui prouve une fois de plus qu'elle, la Compagnie, contrôle tout du plus petit boulon jusqu'aux avions en passant par les carburants et les munitions. On dit aussi qu'elle a des intérêts dans les banques et les principales industries du pays. Les bidons sont rangés bien serrés les uns contre les autres et laissent juste un passage vers une porte basse qui donne, on le suppose, dans l'appentis. Leur couleur rouge apporte un semblant de gaîté dans une pièce qui manque de chaleur. Il faudra installer et ranger tout le fourbi de meubles avant de pouvoir déplacer un seul bidon, marmonne Damien. C'est probablement fait exprès mais pour quelle raison ? Dans un angle de mur et non loin de la fenêtre, il dispose d'un fourneau haut sur pattes avec une plaque de trois feux et un four, le tout fonctionne au pétrole. Une lampe de grand-mère avec mèche de coton et fourreau de verre est accrochée au plafond. Elle remplace le groupe électrogène que ces couillons de gardes se sont fait barbotter. La lampe fonctionne au pétrole lampant comme le fourneau et le réfrigérateur à côté. Un bidon de cent litres voisin n'attend plus que la pompe à main pour faire les pleins. Où diable est cette pompe ?

– On ne sait pas, répond Ali de plus en plus dubitatif… Il te faudrait une femme de ménage.

– C'est une bonne idée, répond Damien, mais je pense que dans le cas présent ce sont des déménageurs qu'il me faudrait.

10

Au vu de l'état du mobilier empilé dans sa maisonnette, Damien allait avoir fort à faire pour s'installer rapidement dans un minimum de confort. Ainsi qu'il l'avait déclaré, quelques déménageurs, sous-payés, seraient les bienvenus. Mais, malgré Ali qui l'en presse, il remet à plus tard le recrutement du petit personnel. Ce sera pour quand il aura du travail à leur donner et que les premiers équipages se poseront. C'était se priver d'aide pour les tâches courantes, comme la vaisselle et la lessive, mais la Compagnie était pauvre ; il voyait déjà les grimaces des comptables devant cette note de frais imprévue. Il devait se débrouiller seul pour s'installer ; il sentait aussi que c'était un ordre implicite émanant de la Compagnie. Son installation était son affaire et pas celle des Béni Fariens. Peut-être y avait-il des choses secrètes cachées dans ce foutoir ? Comme pour lui donner raison, après avoir fait le tour du village, le lendemain Ali déclara n'avoir trouvé aucune femme assez courageuse pour venir s'enfermer avec le démon chrétien dans sa maison, ne serait-ce qu'une matinée pour faire le ménage. Déjà de la méfiance.

– Tu vois, ajoute Ali, les femmes pensent que tu es un démon ; si ce n'est pas chez elles une aliénation mentale ça, qu'est-ce que c'est ?

Pour l'instant, cogitant dans son capharnaüm Damien dubitatif se demande tout haut pourquoi les rebelles, ou les habitants, n'ont pas aussi piqué le fourneau. La réponse vient d'Ali, spontanée.

– Trop compliqué à faire fonctionner. Le brasero c'est mieux.

.– Même si le bois est difficile ou même impossible à trouver ?

– C'est vrai. Il faudra bien apprendre un jour à utiliser ce matériel moderne, quand il n'y aura plus de bois nulle part. Notre mentalité rechigne à innover. On vit sur nos acquis sans nous apercevoir que les acquis en question datent du Moyen-Âge.

Cependant, sous l'œil mis surpris mi goguenard d'Ali, Damien se décide à explorer le tas de meubles, à soulever tables, chaises et matelas, pour trouver le plus urgent. Au moins dénicher ce qu'il lui faut d'ustensiles pour son premier repas. Mais il a beau dégager quelques tables de nuit, quelques chaises et deux ou trois matelas, scruter autour du fourneau et du réfrigérateur, de petit matériel de cuisine, assiettes, casseroles et poêles à frire, point. Ni fourchettes, ni couteaux non plus. Rien. La baraque est dépourvue d'outils ménagers, pas même quelques allumettes pour faire démarrer le foutu fourneau ou une clé pour ouvrir les trois boites de sardines à l'huile qu'il a apportées avec lui. Le séjour commence mal, soupire Damien. Ce ne sera pas facile avec ce fourbi hétéroclite et ces manques flagrants, d'équiper l'hôtel-restaurant grand luxe pour aviateurs égarés, comme Michon l'exige.

La moutarde d'ailleurs commence à lui bourrer le pif. Ces salauds de directeurs, pense-t-il, toujours à nous traiter de chochottes et à nous faire des coups fourrés. Si ça se trouve, c'est leur manière à eux de ranger leur mobilier dans leur propre maison. Non, je déconne… À moins que ce soit Ali et ses complices, que je ne sens pas très à l'aise en ce moment toute hilarité cessante, qui ont organisé ce bordel. Histoire de me compliquer la vie d'entrée. Une sorte de bizutage ; à moins qu'ils se soient livrés à un pillage en règle. Ils ont emporté ce qu'ils considéraient comme précieux et ont laissé le reste en tas. Damien tourne vers Ali un regard furieux et meurtrier lequel parait deviner et fait de nerveuses dénégations de la tête.

– Non, non pas nous, pas nous, se défend–il.

Ça ne sert à rien de s'emporter, pense Damien essayons plutôt de comprendre. Pour l'installation de son futur « Trois étoiles », il espère trouver au moins trois ou quatre plumards en bon état. Puis, remettre sur leurs pattes les armoires métalliques empilées, jetées plutôt, près des bidons d'essence, ce devrait être possible puisqu'elles paraissent en bon état et ne semblent pas avoir souffert du chambardement. Bizarre tout ça, bizarre. J'ai aussi mon paquetage à mettre sous clé réfléchit-il, c'est à dire mon duvet, mes livres et mes vêtements… Je croyais m'amuser dans ce bled et mener la grande vie, en dehors des heures de service s'entend. Crétin de diplômé de l'ENA, (l'Ecole de Navigation Approximative), qui se croit partout chez lui, et exige confort gaz et eau courante comme à l'Hôtel de la Gare, à Constantz. Dans cet hôtel et dans le temps, c'est-à-dire avant de s'engager dans la Compagnie, il y emmenait Jane, sa cousine qui venait de divorcer, pour une nuit de fête (pensait-il dans sa naïveté). C'est fou ce que les fraîches divorcées sont vulnérables et prêtes à tout. Elles croient n'être plus bonnes à rien et s'empressent de se prouver le contraire avec le premier venu. Jane avait aussi du bon temps à rattraper car son cher époux préférait les garçons aux nanas. Lui, était là, disponible et chaud lapin, quasi professionnel de l'amour grâce à petite maman et à Estrella. Ce souvenir le déride un bref instant.

Il s'imaginait trouver une boite de nuit à Béni Farès. Pas une grosse boite genre Macumba de Constantz, mais un bar avec un juke-box, des lumières tamisées et de la bière, des filles et des danseuses Ouled Naïl, ou n'importe quelle nana capable de remuer simultanément et en musique son fessier, son nombril, ses orteils et ses oreilles. Même un club échangiste discret, installé chez l'un des Mohamed et acceptant les hommes seuls aurait fait l'affaire. Mais ici, à Béni Farès, d'après Donald Fuck, comme ailleurs dans l'arrière-pays, les filles ne sortent pas avec n'importe qui et pour ce qui est de danser en montrant leur nombril macache.

– Elles sont accompagnées du grand frère, du cousin ou de la maman ou même de la grand-mère, lui dira plus tard Ali qui comprend et connaît très bien les choses du sexe musulmanes et de leurs coutumes appliquées aux étrangers.

– Qu'importent les frangins ou le cousin. Dans la boite on invite tout le monde à picoler et on met du rock sur le pick-up. C'est bien le diable alors s'il n'y a pas une nana qui a envie de danser.

– Pfutt ! La boîte de nuit de Béni Farès reste à construire, et je ne suis pas sûr que cela plaise à tout le monde ici et en particulier au vieux Mohamed. Et puis, nous n'avons même pas l'électricité, alors le juke-box…

Pour en revenir aux prémices de son installation, il a aussi son gros pistolet et les cartouches qui vont avec, à planquer. Raison de plus pour remettre la baraque en état au plus vite et graisser la serrure. Les rebelles pourraient bien avoir envie de venir le lui emprunter, comme pour le groupe électrogène. « Ne te le fais pas piquer, lui avait dit l'armurier en parlant du pistolet. Il appartient à la Compagnie depuis la première guerre mondiale à laquelle Esperanza a participée, celle dite des « Pissenlits par la racine ». Connaissant Hache et son goût pour les antiquités, pour toi c'est la guillotine assurée si tu le paumes ».

– Compagnie se moquer de toi, ricane soudain un Mohamed dans son dos, interrompant net les divagations et les spéculations du chef du camp d'aviation. Et toute la bande se met à glousser et à ricaner, même les gamins rigolent depuis le pas de la porte…

Damien qui jusqu'à présent avait réussi à se contrôler et à oublier ses problèmes ménagers, sent maintenant la colère déborder et noyer ses bonnes intentions et son amabilité naturelle. Il estime qu'il a suffisamment fait le guignol devant les Mohamed et Ali et qu'il doit se comporter en chef digne de ce nom et conscient de ses responsabilités. La fureur maintenant le submerge. Il a besoin d'un coupable pour passer ses nerfs et sa colère.

– Nom de Dieu de merde, rugit-il on va voir qui c'est le patron ici ! Tes cons de bougnouls, il s'adresse à Ali, je vais leur apprendre à se foutre de moi et à barboter le matériel de la Compagnie. Brusquement il dégage le gros pistolet de sa ceinture et le pointe sous le nez d'Ali qui pâlit pendant que ses yeux chavirent de peur, quelques gouttes de sueur mouillent son front.

Ces gens vivent dans une peur permanente, alors autant en profiter, se dit alors Damien au comble de la colère. Geste et pensée qu'il regrettera une fois son séjour bien entamé, mais trop tard pour s'excuser. Que de bêtises comme cela, que l'on fait sans retour en arrière possible. Bien qu'il n'y ait pas de cartouches dans le chargeur, il arme ostensiblement. Tac, clac ! Le reste de la troupe y compris les enfants recule d'un même mouvement avec dans leurs yeux apeurés la même interrogation : Qu'est-ce qui lui prend à ce dingue ? On n'a pas de pot, semblent-ils penser aussi, après les gardes ivrognes et obsédés sexuels, voici le tueur en série !

– Bande de voleurs, s'énerve Damien, s'il faut que je fasse un exemple je le ferai. Il ne sera pas dit qu'un chef de camp d'aviation de la Compagnie sera bafoué et humilié par des cloportes. Il s'adresse à Ali en pointant son arme sur son estomac. Demande à tes copains de me ramener rapidos les fourchettes, couteaux, casseroles et poêles à frire qu'ils ont piqués, gronde-t-il, sinon je fais un malheur sur toi ou sur le premier qui passe la porte, fut-il un enfant.

Ali n'a pas besoin de traduire car aussitôt toute la bande décampe y compris les gamins qui n'ont peut-être pas tout compris de la diatribe mais estiment qu'il vaut mieux rentrer à la maison et se mettre les pieds sous la table. On ne risque rien en étant près de sa mère. Ce qui sera démenti dans quelques mois, mais nous n'en sommes pas encore là. Un quart d'heure plus tard, Ali dépose sur le fourneau une fourchette tordue, une assiette ébréchée en terre cuite, un couteau rouillé et usé qui a dû gratter le cul d'une marmite, une casserole cabossée et une poêle qui ne l'est pas moins.

En déposant ces offrandes royales et en tremblant de trouille, Ali débite force salamalecs précipités dans un mélange de patois et d'espéranzais. Damien comprend qu'Ali espère que tout se passera bien entre eux et qu'il faut qu'il abandonne cette idée conne de vouloir trucider un otage pour un oui ou pour un non, et que dans ce cas il aura tout ce qu'il veut. « On n'est pas chez les nazis, tout de même », continue-t-il. Pour confirmer la chose, il tend à Damien une grande galette, sorte de pain plat qui va lui servir pour son premier repas de sardines à l'huile ramenées en prévision de la disette. Pour le reste : viandes, sucre, pain, coca-cola et nouilles, on verra avec l'épicier du coin, avait-il pensé en préparant son départ. Car il y en a un forcément, à Constantz il y a des commerçants partout et pour n'importe quoi.

Ali s'empresse autour de lui et pour changer le cours de la conversation veut l'aider à remettre de l'ordre dans son fourbi, ce que Damien refuse avec hauteur ; on ne pactise pas avec les voleurs. Et puis il a besoin d'être seul pour réfléchir à ce qui l'attend. Il n'a pas envie non plus qu'on lui fauche l'un de ses deux blue-jeans achetés aux Grandes Galeries de Constantz. Une fois seul, en maudissant les farceurs qui ont jugé de bon goût de lui infliger ce genre de pénitence, il remet péniblement sur pied les six armoires métalliques qu'il colle contre le mur. Il a la bonne surprise de découvrir qu'elles cachent, sous leur empilement faussement négligé, un paquet de draps et de couvertures kaki et une caisse en bois de belle taille pleine à ras bord de boites de conserves de cinq litres. De celles qui contiennent haricots blancs, lentilles, pommes de terre en morceaux, pâté de cheval, saucisses de Strasbourg, bœuf en gelée et confiture de pomme. Mets qui figurent au menu des rations de combat de la Compagnie.

Il trouve aussi des clopes dans une caisse voisine, dix cartouches, pas des clopes de luxe mais d'honnêtes cigarettes propres à t'arracher un poumon ou à te filer un cancer, au choix, dans les trois mois. Il déniche aussi dix douzaines de petites bouteilles de trente-trois centilitres de gnole, cinq kilo de sel et autant de sucre, du café, du thé et du savon de Mater parfumé à la rose et dix blocs de vingt rouleaux de papier hygiénique. Un papier grossier et râpeux comme une toile émeri, mais deux feuilles suffisent en général. Tiens, c'est vrai ça, se dit-il en voyant le papier hygiénique et le savon, où est le petit coin et son lavabo ? Peut-être même la douche ou la baignoire, si ça se trouve ? Il remet la réponse à plus tard. Il n'est pas un fana de la douche quotidienne voire hebdomadaire, mais il faut bien satisfaire la nature, se torcher, se pomponner et laver ses slips et ses chaussettes. De temps à autre.

Il découvre aussi du linge de maison, torchons, serviettes de table et de toilette par paquets de douze dans une poche planquée, encore, dans une armoire. Du tissu le plus simple qui soit, du coton uniformément kaki mais de grande taille. Il s'attaque ensuite à l'enchevêtrement de lits métalliques, matelas et moustiquaires qui bouchent le passage et encombrent le centre de la pièce. Au moins pour se faire un plumard décent dans un premier temps. Il espère trouver les meubles dits « en bois précieux » dont lui a parlé l'adjoint chargé de l'intendance. Hôtel de luxe oblige. Mais à supposer qu'il y en ait eu, mes hôtes, vue la pénurie de bois, ont dû s'empresser de les débiter en planchettes pour alimenter leurs braseros. À moins que l'intendance ait pris du métal peint couleur bois d'acajou pour du vrai bois. Ce qui n'a rien d'extraordinaire vu la pagaille qui règne dans les magasins et les paperasses des riz-pain-sel.

Sous le fourbi de lit comme empilés à la va vite, là encore, il découvre toute une série de caisses identiques à celles trouvées avec les armoires et plusieurs jolis packs de bières, d'eau minérale en boîte et de biscuit « pour chiens » qui lui serviront de pain. Le tout certifié made in Esperanza. Je ne mourrai ni de faim, ni de soif dans un premier temps, pense-t-il. Inutile de se martyriser avec les heures de passage de l'épicier. Il le suppose ambulant car il n'a, en traversant le village trouvé nulle trace d'un drugstore, pas même d'un marchand de cacahuètes. Pas de boîte de nuit, pas de commerce, pas de bistrot, naturellement. On est vraiment chez des arriérés du bocal. Même au Moyen-âge, chez les chrétiens, on trouvait des putes, des bouchers et des boulangers ; on savait s'amuser et bâfrer …

Ce qui signifie aussi que s'il ne trouve pas de fruits à acheter dans le village, il attrapera à coup sûr le scorbut. Un mois c'est long quand on ne bouffe que des conserves. Sachant cela un pharmacien généreux et intelligent a glissé un gros paquet de vitamines C, parmi les conserves. En réalité, il trouvera à acheter chez l'habitant, en l'occurrence chez Ali, des figues et des pistaches, c'est la saison, ainsi que des concombres, des tomates et des poivrons à un prix raisonnable. Il distribuera ses vitamines C aux gamins, en guise de bonbons. Dans une caissette de bois renforcée de ferraille aux angles faite pour durer, il découvre ce qui lui manque : une fiche d'inventaire à signer et à renvoyer à la Compagnie par les moyens les plus rapides. Plus une rame de papier blanc, des stylos à bille, des crayons de papier et un extraordinaire camembert de Mater, déposé là par un farceur, camembert qui a déjà parfumé la fiche d'inventaire et la rame de papier. Cette caissette accompagne une caisse volumineuse contenant une batterie de casseroles en inox neuves, une collection complète de poêles à frire et de plats eux aussi en inox, des bols, assiettes, verres et fourchettes, couteaux et cuillères pour vingt personnes ainsi qu'un livre de cuisine signé Pellaprat.

Le civet de lièvre qui est décrit pages 28, une page ouverte au hasard, vous met l'eau à la bouche rien qu'à la lire. Damien le bouquinera plus tard comme un bigot sa bible, non pour les nourritures terrestres qui y sont décrites mais plutôt comme la promesse d'un paradis à venir s'il se montre patient. Dégoûté par les conserves et en proie à des diarrhées épisodiques, il se surprendra même un jour à lécher la recette de la blanquette de veau. C'est alors que Fatima pénètrera dans son univers sépulcral comme une comète vive et luxuriante. Fatima, avec ses couscous et ses tajines à se pâmer devant.

11

Tous les ermites, et en général les prisonniers sous tous les régimes politiques, font les mêmes rêves de bouffe et/ou de femme. C'est l'échelle de corde de ceux qui rêvent d'évasion. Lorsque je serai chez moi, à Babalou -un quartier huppé de Constantz où l'on s'ennuie pas mal- rêvait notre héros durant le premier mois, les yeux ouverts dans le noir de la nuit, j'emmènerai Regina, ma fiancée, dans les bons restaurants. Par exemple chez René-la-Pizza qui cuisine toutes sortes de recettes mystérieuses à base de poulets venus de Corée du Nord. Je commanderai les plats les plus alléchants de Pellaprat. J'y emmènerai aussi ma mère. C'est quand même la future belle-mère de Regina. Je la vois d'ici ma chère petite maman, en tailleur Chanel moulant son superbe fessier, grimpée sur des escarpins hauts comme ça, le tout emballé dans son vison. Et maquillée, coiffée, manucurée comme la vierge de l'église de Saint-Sulpice-aux-champs de Babalou.

Bon, d'accord réfléchissait-il je ne suis pas prisonnier, si je me réfère à la définition de la Compagnie : « Un prisonnier, est-il écrit dans son règlement, est un individu sans foi ni loi, un lâche qui a préféré se rendre plutôt que de combattre et mourir pour la patrie. À ce titre il n'encourt que le falot. Quant à l'ennemi qui vient à vous en levant les mains : flanquez-lui une balle dans la peau ; il ne mérite que ça ». Cette définition l'avait impressionné au point de l'apprendre par cœur. Je ne peux être prisonnier puisque je n'ai pas combattu, et de qui le serais-je ? Cependant, réfléchit-il, je me trouve dans un bled paumé qui ressemble à l'île du Diable avec l'impossibilité, vu la distance entre les villages sur le plateau et surtout étant donné ma mission, de m'en aller. Alors, si avec ça je ne suis pas prisonnier ... En fait, mon état correspond plus à celui d'ermite qu'à celui de prisonnier, bien que je n'aie pas la foi. Mais est-ce que tous les ermites ont la foi ? philosophait-il.

Que faire de la quincaillerie que les amis d'Ali, et lui-même, m'ont offert si obligeamment, se demande-t-il pour l'heure en découvrant le matériel de cuisine mis en compte par la Compagnie. Rendre l'assiette ébréchée, la fourchette tordue, la casserole cabossée, la poêle et le couteau à leurs propriétaires me ferait passer pour une crème d'andouille peu fréquentable et ma dignité de chef de camp en prendra un coup. Surtout après la menace du pistolet. Les indécis font de mauvais responsables, même chez les Arabes d'Esperanza qui eux-mêmes ne savent jamais sur quel pied danser.

Il décide donc, dans un premier temps, de n'utiliser que ce que les Mohamed lui ont apporté. Après tout, se dit-il encore, je n'avais qu'à me montrer plus exigeant et réclamer du luxueux, du Limoges, et des couverts en argent signés Ercuis. Plus tard, je pourrai toujours avouer que j'ai trouvé quelques ustensiles bien cachés dans la baraque, arrangés comme pour le jeu « tu brûles- tu gèles ». Pour les caisses de nourriture, il paraissait au départ tout à fait concevable que la Compagnie, si bien organisée en tout, y ait pensé. Je fais mon mea culpa pour l'avoir mentalement traité de salope. Et qu'elle ait même pensé à les cacher m'en bouche un coin et avec quelle maestria ce fut fait ! Tant pis pour ceux, Ali compris, qui ne se sont fiés qu'à l'apparence et n'ont pas regardé sous les lits.

Pour ne vexer personne, il place donc les ustensiles extorqués aux Mohamed bien en évidence sur l'étagère près du fourneau. Continuant son installation et son inventaire, il dégage quatre grandes tables aux pieds repliables et une vingtaine de chaises pliantes le tout en bois et métal ; ce doit être le bois « précieux » de l'intendance. Ici, à Béni Farès, tous les bois sont précieux. Des meubles formidables pour le camping, si toutefois on aime la couleur kaki. Au temps pour moi, peste-t-il, après les soupçons concernant les couverts, je dois admettre que les meubles en bois n'ont pas été débités en bûchettes par les Mohamed. Là encore la Compagnie a vu grand. Les directeurs supposaient qu'une nuée d'avions se poseraient dans ce bled et qu'il fallait une salle à manger en conséquence.

Le voici maintenant équipé pour ouvrir son hôtel-restaurant. Il ne lui manque que les clients. Ceux-ci ne vont pas tarder à débouler si on en croit les prévisions de Michon et de son fils. Le cœur léger et le moral revenu, Damien empile et range convenablement le surplus de mobilier près des bidons de carburant. Lesquels maintenant font désordre dans une maison aussi bien ordonnée, et tout aussi jolie que la maison des trois ours, le grand, le petit et le moyen, de ce conte bêta que lui lisait sa mère quand il était au berceau. Telle la bonne ménagère s'apprêtant à secouer ses chiffons à poussière, il ouvre la fenêtre pour découvrir devant lui la bande de gamins, toujours aussi sommairement vêtus malgré la fraicheur qui tombe avec le soir, et le nez morveux. Ils l'observaient à travers les vitres et s'enfuient en piaillant et en soulevant de leurs babouches ou de leurs pieds nus la poussière de la rue.

– Ceux-là, il faudra les surveiller de près avant qu'ils ne me fassent des conneries dans mon bel établissement, grogne-t-il. Il décide sur le champ de baptiser son restaurant « Chez Mama et Regina ». Derrière l'un des bidons de carburant il découvre un pot de peinture kaki soigneusement fermé. Probablement de celle qui a servi à peindre le fourneau, le réfrigérateur et les armoires, car tout le mobilier est peint dans cette ravissante et pimpante couleur. Un pinceau aux poils raidis par la peinture séchée est posé tout à côté. On verra ça plus tard, décide-t-il, pour l'instant il a autre chose à faire qu'à se préoccuper d'enseigne. Par exemple il doit distribuer les tâches. Ainsi, il prévoit de nommer un des Mohamed portier et un autre liftier chargé des bagages. Ali finira bien par dégoter une serveuse, rien n'est plus agréable à l'œil qu'une jolie serveuse, et il fera lui-même la cuisine pour éviter que les futurs clients soient empoisonnés par un Mohamed malveillant. Ce n'est pas qu'il sache cuisiner, il sait à peine étendre de la confiture sur une tartine, mais grâce à Pellaprat, il saura.

Dans un mois, il cédera le fond à Ali pour en faire un gite étape ou quelque chose comme ça. Il n'a pas reçu d'ordre prévoyant une éventuelle relève, car comme le directeur l'a dit, les rebelles seront écrabouillés rapidement. En moins d'un mois selon Plouques. Pour l'instant inutile d'en parler à Ali et de chambouler l'emploi du temps des Mohamed, ce sera bien assez tôt quand les premiers équipages débarqueront. C'est-à-dire dans une semaine ou deux au plus tard. Dans la Compagnie, c'est toujours difficile de dresser rapidement un plan d'action, même pour changer une ampoule électrique. Établir un plan de bataille est d'une difficulté incommensurable car il faut concilier tellement d'intérêts que d'en dresser la liste prendrait plusieurs jours. Mais on finit toujours par aboutir. On ne peut pas dire que l'ordre de bataille cogité par la Compagnie ressemble au plan du débarquement en Normandie de juin 44. C'est plutôt à une sorte d'enchevêtrement de tuyaux - les ordres- aboutissant à une série d'actions parfois contradictoires animées par des flèches de toutes les couleurs qui montent et descendent, tournent à gauche et à droite, sans que l'on sache clairement pourquoi. C'est comme ça que nous l'apprenons en école d'Etat-major, lui avait confié Michon, c'est de l'infographie ; c'est plutôt fait pour faire beau.

Il est maintenant temps de dénicher le coin toilette car il a, ce qui tombe bien, un petit besoin qui ne peut attendre. La porte basse près des bidons d'essence débouche derrière la maison, dans l'appentis qu'il avait remarqué il y a peu. La Compagnie y a aménagé un WC de type Auschwitz. Plus précisément il s'agit d'un trou puant comme mille putois, creusé dans le sol, d'un mètre sur un mètre, de profondeur indéterminée mais déjà presque plein avec, posées en travers, deux planches épaisses pour les pieds permettant de s'accroupir. Ce WC éminemment rustique est isolé du reste de la pièce, que nous appellerons la salle de bains, par un paravent en toile bariolée façon pelage de léopard. Un tissu qui a probablement appartenu au général Bignard, le héros incontesté de la Compagnie, qui s'habille tous les jours dans ce tissu seyant aux multiples qualités dont la moindre est d'arrêter les balles, d'après le fabricant chinois.

Avec le paravent la pudeur est sauve. Dans un angle, un bac à laver grand comme une baignoire, dont l'eau d'évacuation se perd dans la fosse des chiottes a été posé sur le sol. Un lavabo qui fut blanc avant qu'on ne s'en serve pour nettoyer les pinceaux et préparer le badigeon de chaux qui recouvre les murs, est accroché sous un carrelage qui sent la récupération en raison de sa grande variété de teintes et de tailles. Mais qu'importe, se dit Damien, si cet établissement n'est pas un trois étoiles ce sera un deux, ne soyons pas chien. Il est chez lui, et il le sent, il est désormais en osmose avec la maison. Mieux encore : il y est libre de faire ce qui lui plait et dans cet état d'esprit enjoué c'est un vrai bonheur que de pisser d'un long jet clair dans le trou.

Demain, il paiera grassement un Mohamed pour qu'il vide proprement la fosse, il ne peut faire autrement et s'en charger lui-même serait une atteinte mortelle à sa dignité de chef. À cet instant merveilleux où la félicité chatouilleuse et le soulagement physique accompagnent un jet trop longtemps retenu, retentit le rire moqueur des gamins en particulier des fillettes. Les hommes, dans ce bled, pissent accroupis, probablement par discrétion car ce ne sont pas les accidents de terrain et la végétation qui peuvent les masquer. Alors, pour ces gosses qui découvrent un individu qui pisse debout, et leur montre une zigounette blanchâtre et non circoncise, c'est l'hilarité. Cette exposition involontaire de son anatomie, se rassure-t-il, ressemble finalement à ces pièces du théâtre contemporain qui se déroulent dans les crachats, le sperme et les vomissures sous le regard des spectateurs, vieux et jeunes, tous enthousiastes.

Après avoir poussé dehors la marmaille qui s'était amassée devant la porte de sa salle de bains, Damien est intrigué par une protubérance en béton qui n'a rien à voir avec la plomberie. Entre le lavabo et le WC un habile ouvrier a bâti un four à pain fonctionnant grâce au mazout injecté à travers des brûleurs à l'aide d'une pompe à main. (Voilà où se cachait la pompe du fourneau). On apprend que ce bâtisseur est un dénommé Miguel Pomponius, puisqu'il a gravé son nom sur la paroi du four en lettres gothiques. On peut s'étonner de la présence d'un four à pain dans la salle de bains d'un trois étoiles, mais c'est mieux que de le mettre près des bidons de carburant. Et puis, c'est l'expression artistique de Miguel Pomponius et sa liberté de créateur. Voilà. Mais comment faire du pain quand on n'a pas de farine ?

Pain ou pas, je vais être ici comme un coq en pâte ! se dit-il réjoui. C'est la Riviera ce bled ! Un mois de flemme à passer avec des clients sympas. Il se rembrunit. Si un Mohamed ou les rebelles ne me font pas la peau avant. J'avais oublié les rebelles. J'ajouterai les vieux mâles du coin à mes supposés tourmenteurs car ils ont l'air aussi aimables qu'une nichée de scorpions. Se tenir sur ses gardes et penser constamment à l'ecclésiastique de Donald Fuck, à ce malheureux pasteur qui ne put demeurer qu'une semaine dans ce paradis à jouer les André Gide. Même si l'intention - surveiller la cicatrisation des circoncis- était louable… Par bonheur, j'ai des défauts mais je ne mange pas de ce pain-là. Maintenant, il me faut trouver de l'eau pour mes ablutions, j'ai un réservoir en tôle émaillée au-dessus du lavabo à remplir. Vu la chaleur qui règne à Béni Farès inutile d'envisager de chauffer l'eau, plutôt penser à la refroidir.

12

Damien en quête d'un récipient pour aller chercher de l'eau au puits a découvert deux seaux de toile type « camping » de dix litres chacun cachés dans un faitout, les logisticiens de la Compagnie ont vraiment pensé à tout même si le rangement n'est pas leur point fort. Ainsi équipé il passe son seuil, direction la petite place. La distribution de l'eau se fait avant le repas du soir, lui a dit Ali. C'est maintenant la fin de l'après-midi ; de son premier après-midi à Béni Farès. Lumière rasante, vent léger, température agréable. Aucun cri ni aboiement ou pétarade de moto. Ali et les Mohamed ont disparu, idem pour les gamins. Mauvais signe. Un mauvais coup se prépare. À moins que ce soit l'heure du thé et des petits gâteaux qui mobilise les hommes et les femmes autour de la théière ? Un seau dans chaque main, il s'aventure, imprudemment pense-t-il, au centre de la rue totalement déserte. Dans un bon western il raserait les murs et se ferait tout petit, mais il n'a pas de trottoir à sa disposition. Deux ou trois clientes près du puits attendent d'être servies. Ce sont peut-être les appâts placés-là pour l'attirer dans un sordide guet-apens. Elles le regardent venir, tassées les unes contre les autres comme des biches effarouchées par le vilain loup. Ont-elles peur ou se font-elles des confidences ? Un silence angoissant règne sur la Grand-rue. Comme si les villageois, derrière leurs murs, retenaient leur souffle, attentifs au drame qu'ils pressentent. Avec l'inconscience propre aux héros, Damien va d'un bon pas sans faiblir et sans se retourner. Pourtant la tragédie est là, devant nous, intense, presque palpable. (Comme c'est bien dit !).

Va-t-il se faire dans quelques minutes :

a/ démembrer ;

b/ écouiller ;

c/ écorcher vif, ou les trois à la fois ?

Peut-être va-t-il se faire simplement égorger comme un otage de djihadistes ou un mécréant de Seine-Saint-Denis ? Une mort très simple mais qui malgré sa grande simplicité heurte sa sensibilité. Reconnaissons-le : quelle détermination chez ce garçon ! Surmonter sa peur à seule fin de cuisiner, boire et surtout se laver, et ce, bien qu'il ne soit pas un fanatique des ablutions ! Alors là, je dis bravo ! Plus tard le western spaghetti et son héros Clint Eastwood, s'emparera de cette magnifique image : l'homme, le vengeur de toutes les infamies, seul au milieu de la rue principale déserte, dans un village pourri qui n'a qu'une rue, les mains posées sur ses révolvers. Un à gauche, un à droite. (On l'aura compris, Clint Eastwood au lieu des seaux en toile cramponnera ses révolvers, inutile de faire un dessin).

Autrement le village du film en question, et en particulier la rue principale, sont identiques à la Grand-rue de Beni Farès, à quelques menus détails près. Par exemple l'arbre, le pommier entaché du péché originel, sur lequel Clint Eastwood vide ses colts, à seule fin de prévenir l'ennemi qu'il vengera les cocus et qu'il tire comme un chef, n'existe pas à Béni Farès. Il y a quand même quelques oliviers et deux ou trois acacias au bord de la rue. Mais imaginez Clint Eastwood en train de nettoyer un olivier de ses fruits à coups de révolver, on ne verrait même pas les olives tomber.

Son gros pistolet Schnelfeuer glissé dans sa ceinture sous sa chemise bariolée, Damien marche donc vers le puits. Après quelques hésitations, le groupe de gamins morveux sort de sous une pergola et lui emboite le pas, mais à bonne distance. Son désormais fan-club est avec lui, de son côté dirai-je. Pour eux, c'est comme assister à un spectacle d'un genre nouveau, une sorte de happening qui a commencé avec son arrivée en Ronfleur. Que pensent ces gosses ? Attendent-ils le coup de fusil qui sèchement le dézinguera et lui fera avaler la fine poussière de la rue ? Supposent-ils que, en sa qualité de soldat de la Compagnie, individu exceptionnel par essence, il est une sorte de superman ? Sera-t-il capable, conjecturent-ils, d'empêcher les chevrotines de l'atteindre grâce à ses supers pouvoirs ? Et même sera-t-il capable de riposter avec une précision de champion de tir, avant de s'envoler comme une mouche effrayée, propulsé comme Batman par ses gaz intestinaux ? Tireur de précision très relatif. À l'entraînement et à cinquante mètres, il loupait une fois sur deux le char d'assaut soviétique T34 qui servait de cible.

Damien chasse ces pensées débilitantes pour se concentrer sur sa marche qu'il veut déliée et flegmatique. En réalité un pas flageolant de chochotte identique à celui d'un médiocre danseur de tango qui gagne la piste de danse invité par la plus belle fille qui soit. Surtout éviter de marcher dans une crotte de bique ou buter sur un caillou. Il le remarquera plus tard, les hommes ici, dans Béni Farès, sont très sensibles aux actions guerrières surtout quand elles sont courageuses. Était-il héroïque ce soir-là, dans la Grand-rue de Béni Farès avec ses deux seaux à eau ? Ouais mec, ouais ! Il me semble.

Tous savaient qu'il irait au puits pour se ravitailler. On ne peut se passer d'eau ici, et c'est déjà un manque de prévoyance de la part de cet étranger de ne pas s'y être rendu plus tôt. Sa détermination à affronter le village a payé. Maintenant les vieux sont de retour sur leurs sièges de fortune et tous, vieux et jeunes crachent dans la poussière sur son passage. Il avait prévu ces crachats. Ces gens sont très prévisibles, se dit-il, en crachant à son tour dans leur direction. Quelques visages féminins se montrent de nouveau aux fenêtres. Malgré tout, il flaire comme une peur latente qui plane sur le village. Au début c'était lui qui avait la trouille maintenant ce sont les habitants. Est-ce à cause de son gros pistolet visible dans sa ceinture quand la brise soulève un pan de sa chemise ? Une atmosphère pesante plombe la rue et crispe les visages. Tout le monde ici pète de trouille, eux comme moi, réfléchit Damien. Mais personne n'esquisse un geste dans sa direction, à part cracher ; et personne ne se lève pour l'accueillir ou simplement le saluer. Tous attendent qu'Allah décide. Et par bonheur, en bon Arabe, Allah ne décide rien, même pas un orage en signe de bienvenue.

– Les orages ici sont rares, lui fera observer Ali. Preuve qu'Allah, tout grand et miséricordieux qu'il est, se fiche bien de Béni Farès !

Tout ça, son installation complète, ses préparatifs pour son diner lui ont pris du temps. Il commence même à se faire tard et la nuit n'est pas loin ; à une certaine fébrilité sous les pergolas on devine que les troupeaux ne vont pas tarder à rentrer. Quelques jeunes hommes désœuvrés attendent déjà le moment du repas assis sur des caisses en bois datant du dernier Calife, ou sur de vieilles ferrailles issues peut-être d'affûts de canons ayant appartenu à l'armée de Napoléon Bonaparte. À l'époque il n'était encore que général. Car si les élites du pays parlent un peu de français fortement mâtiné de patois local, on le doit à un bivouac de ses troupes dans

Constantz et ses environs, qui dura deux ans avant qu'ils n'aillent guerroyer plus loin. Ferrailles mangées par la rouille et impossibles à identifier tant elles ont été démantibulées et réaffectées à d'autres usages. Certains individus plus pauvres que les autres, en particulier les vieux bergers, qui ne possèdent pas de siège se tiennent à croupetons, le dos calé contre un mur sans pour autant montrer de fatigue. Les femmes, discrètes, s'agitent dans la fumée des braséros et dans l'odeur des galettes chaudes. Odeur qui fait saliver notre héros.

Demain je ferai cadeau de mon surplus d'ameublement, armoires, tables, matelas et chaises à Ali, à charge pour lui de le redistribuer, se dit-il. Ça me fera bien voir et ils ne cracheront peut-être plus sur mon passage. Je garderai un minimum pour quatre ou cinq passagers éventuels. Pourquoi faire plus. Je suis persuadé que les pilotes une fois ravitaillés en carburant n'auront qu'une hâte, c'est de fuir ce trou du cul de blatte. Même l'idée d'un diner aux chandelles chez moi, en attendant l'aube, leur ferait dresser les cheveux sur la tête et leur couperait l'appétit. Un peu comme s'ils dinaient dans l'antre de Dracula et en sa compagnie. La comparaison est osée mais la méfiance pour ne pas dire l'hostilité qui règne ici n'est pas faite pour encourager le tourisme.

Petit à petit, tout en se rapprochant du puits, la peur de Damien finit par disparaitre pour faire place au soulagement, et même à une sorte d'allégresse. Le Commandant du camp d'aviation a traversé la moitié de Béni Farès et personne ne lui a tiré dessus. Alléluia ! Suis-je bête, réfléchit-il, si on doit me trucider ce sera la nuit et pas le jour devant tout le monde. Dans ce cas avec leur manie d'enterrer leurs morts dans la journée, la Compagnie aura du mal à mener une enquête pour essayer de savoir où j'ai bien pu me fourrer, pour peu que les habitants jouent les amnésiques. Même avec mes Ray Ban sur le nez. Ce qui est rassurant, c'est que le pasteur a bien quitté Béni Farès, puisque son affaire est remontée jusqu'aux directeurs. À moins qu'il ne soit enterré quelque part, pas loin. Je ne sais même pas où est le cimetière dans ce bled. Un jour j'irai m'assurer que ce pasteur ... Il vaut mieux que j'abandonne cet individu et que je pense à autre chose. Pour montrer à ces gens que finalement malgré son pistolet, il est un garçon civilisé, avant de cracher, il donne le bonsoir en passant à ceux qui le regardent. Pour ce faire, il incline élégamment et poliment le buste tel un psychologue en visite dans une peuplade de « six packs » du Texas américain.

Après tout, mieux vaut être poli et prudent, pense-t-il. Car tous les hommes possèdent un fusil de chasse lui a dit Ali, alors qu'il s'étonnait de voir la bande des Mohamed armée jusqu'aux dents. Ou presque. C'était un cadeau du Prince de Monaco un jour qu'il traversait Béni Farès pour aller chasser la gazelle dans les montagnes Pelu. À l'époque, terrés dans les montagnes, comme aujourd'hui les rebelles, une catégorie d'individus appelés Insoumis ou « zadistes espéranzais », tous ennemis du régime politique en place, étaient prêts à faire feu sur le premier passant venu. Ils n'étaient guère plus d'une douzaine mais ces zigotos menaient un tapage médiatique autant qu'un régiment de députés. Pour certains observateurs, c'étaient plutôt des sans-abris affamés et inoffensifs, mais chiants à l'excès. Pour d'autres des criminels qui méritaient d'être pendus. Qui croire ? Une chose est sure, les Espéranzais par habitude ancestrale, prennent souvent le maquis et, pour un oui ou pour un non se réfugient dans les montagnes pour faire feu sur les visiteurs. Par exemple, ce fut le cas des écolos du pays quand ils s'opposèrent à l'installation des lampadaires électriques dans les rues de Constantz, électricité qu'ils estimaient plus polluante que l'éclairage de la lune utilisé jusque-là. À l'inverse les syndicalistes espéranzais, dans notre exemple, prirent le maquis parce qu'ils souhaitaient ardemment que fussent installés ces lampadaires. Outre que cela crée des emplois, la lune dispense une trop faible lumière dans les rues de la capitale quand ils l'arpentent en bandes organisées pour poser des affiches... Une fois, écolos et syndicalistes prirent le maquis ensemble parce qu'ils s'estiment injustement abandonnés par le gouvernement. Donc il y a toujours du monde dans les montagnes Pelu qui regorgent de gazelles, aujourd'hui ce sont les rebelles. Et demain ? Mystère. Le grand-père d'Ali, qui était chef du village à l'époque, a su convaincre le prince qu'il lui fallait une escorte de Bénifariens en armes pour repousser et tenir à distance tous les Insoumis du moment.

Dans la Grand-rue quelques individus, sous le nez de Damien, exhibent leur pétoire avec complaisance et font semblant de la nettoyer. Ce sont des armes qui ne dépareraient pas la vitrine d'un musée, mais telles quelles, rafistolées avec du fil de fer pour certaines, elles peuvent encore faire du dégât. Car ici le fusil de chasse sert à tout, à tirer sur les gazelles et les sangliers, voire accidentellement sur un voisin, mais il sert aussi de masse pour enfoncer les piquets et de merlin pour assommer les moutons avant de les égorger, car les cartouches sont rationnées et chères.

Au moment où il va atteindre le puits, une cinquantaine de moutons et une vingtaine de chèvres, bêlant et chevrotant d'un ton plaintif ou énervé, s'engouffrent au galop dans la rue. Le soir tombe, voici l'animation crépusculaire : le retour des troupeaux. L'un après l'autre ils déboulent et s'égaillent dans le village en soulevant la poussière. Ils sont escortés de cinq ou six grands diables de bergers en gandoura qui sautillent autour des bêtes. Escogriffes qui montrent leurs mollets nus, agitent des gourdins menaçants pour guider le bélier de tête vers la bergerie. On croirait voir un tableau de Fromentin (Eugène). L'air s'emplit de l'odeur du suint et de cette poussière sèche qui colle aux narines et pique les yeux. Le piétinement des bêtes cesse brusquement et Damien qui s'était réfugié dans l'ombre d'une maison reprend sa marche vers le puits qui n'est plus qu'à quelques pas. La chaleur commence à s'atténuer, elle va baisser progressivement de dix ou quinze degrés jusqu'à la nuit et ensuite il fera carrément froid. Le ciel vers les montagnes va se teinter de rouge et de gris, signe de vent.

Sous les pergolas, certaines éclairées par des lampes à huile, c'est l'animation des grands soirs, on tchatche, on s'agite, on boit du thé à la menthe et on fume. Les hommes, bergers ou autres, sont maintenant assis devant leur seuil, ou sous leur pergola. Certains fument la chicha, la pipe à eau, et crachent la nicotine dans la poussière en attendant que les repas soient prêts et avant que la nuit ne tombe complètement. Quelques rires d'hommes retentissent. Damien suppose qu'ils se détendent et relâchent leurs nerfs comme des gens qui avaient craint le pire. En fait, il l'apprendra de la bouche d'Ali : ils se moquent maintenant de lui et de son allure empotée. Personne ne l'invitera à boire du thé ce soir-là. Il attendra une semaine avant que la première invitation ne tombe. Comme pour un jeune curé invité chez le châtelain, il faut faire les preuves de sa bonne appartenance politique et de sa civilité. Mais tout le monde se souviendra en riant du jour où il a traversé Béni Farès avec ses seaux. Plusieurs jeunes gens le mimeront lors des petites fêtes nocturnes sur la place, sorte de farce ou de pantomime, données autour du feu, devant le village rassemblé qui se tord de rire. Il doit avouer que son orgueil alors en prendra un coup. Mais tout ça sans méchanceté, rien de désobligeant. Il avait joué le rôle du clown et il était copié par la concurrence.

On déjeune et on dine sous les pergolas, on s'y réunit aussi entre amis pour discuter. Les femmes y font cuire les galettes dans un trou en plein air, âtre rudimentaire tapissé de glaise, mais très efficace. Plus efficace que la plaque de cuisson au fuel ou que le four à pain de la bicoque de Damien. Lequel four demandera plus de quinze jours d'apprentissage pour le maitriser ou cuire un pain ni carbonisé ni cru, mais sentant quand même un peu le mazout. Damien a, dès le deuxième jour, trouvé un sac de 40 kilos de farine de blé planqué au fond du four. Cette baraque est une sorte d'île au trésor pense-t-il, on trouve plein de choses en soulevant les meubles et pas que de la poussière. Mais malgré toutes les précautions prises et quoi qu'il fasse, nettoyage à fond, chauffe au degré près, le pain gardera toujours un arrière-goût de fioul. Ce qu'Ali ne trouvera pas désagréable quoique se mariant mal avec le couscous. Jusqu'à ce que Fatima construise, sous la pergola, un four en terre en bonne et due forme qu'elle chauffera avec le bois du mobilier dans la manière de Bernard Palissy.

Ah ! Faire comme eux, se dit Damien en revenant avec son eau. Attendre l'heure du repas en bavardant et en buvant avec les copains sous la pergola pendant que cuisinent les femmes et les jeunes filles. Celles qui ne sont pas cloitrées. Peut-être que, plus tard, à Babalou, qui est dans son genre un fameux trou, mais un trou chic, avec Regina si tout va bien il pourra la convaincre d'en faire autant. De le laisser avec ses copains et ses bières pendant qu'elle cuisinera. Nous habiterons, la maison de ma famille, songe-t-il tout en marchant. J'y ferai construire une pergola dans le jardin et ma mère fera le service du thé à la menthe et des bières auprès de mes potes avec cette grâce nonchalante et sensuelle qui est la sienne, baladant sous leur nez son popotin, ses jupes courtes et son décolleté panoramique. Dehors, Regina sur un four en terre touillera dans la fumée une tambouille infecte dont nous ferons semblant de nous régaler, avant d'évoquer nos souvenirs de la Compagnie.

En fait, et Damien en est déjà persuadé, il n'en sera rien. Regina, il tient le pari, refusera de faire la cuisine. Mais par contre maman, chère petite maman, acceptera volontiers de se balader en minijupe mais refusera probablement de lui céder la maison de famille pour mener sa vie à deux. La vie à deux, avec Regina s'entend, est un état de grâce, comme la foi, qui ne tient qu'à un fil.

Aujourd'hui, il l'affirme : il n'y a qu'à Béni Farès qu'il a pu s'offrir une telle détente quand Fatima est venue habiter et cuisiner chez lui. Macho Damien ? Mais non ! Et où voulez-vous qu'elles aillent travailler, ces femmes de Béni Farès ? Chez quel patron, dans quelle entreprise ? Dans quelle fonction publique ? Toutes naturellement, jeunes et moins jeunes, rêvent de s'exiler à Constantz ou plus loin, jusqu'aux États-Unis ou en Europe. Bien peu réussissent. Toutes ou presque considèrent qu'elles usent leur jeunesse et perdent leur vie de femmes dans ce bled minable où pour trouver du rouge à lèvres il faut faire cent kilomètres et plus, économiser un an sur la vente des légumes et des fromages. Ali, accompagné d'un Mohamed va à Mater, une ville de la côte, une ou deux fois par an à dos de dromadaire. Il achète du sel, du thé, du tabac, de la semoule et de la farine, des cartouches, du sucre, du fil à coudre, rien que de l'indispensable. Il ramène aussi ce que les femmes lui commandent pour elles-mêmes, mais le voyage, même en dromadaire, coute cher.

– Et pour quoi faire rester ici ? lui demandera Fatima avec des gestes à l'appui de son mauvais espéranzais. Une langue qu'elle apprendra pour l'essentiel en quinze jours auprès de son époux d'alors, le père d'Ali. Pour plaire à une bande de pouilleux, continue-t-elle, qui ne songent qu'à leur faire des enfants, un de plus tous les ans, et à se voir vieillir sans espoir de changer quoi que ce soit dans ce trou ? Un endroit où il faut économiser l'eau, la crotte de mouton, le lait, le pain, le fromage et sa culotte pour survivre. Un endroit où l'on ne gagne rien mais où on ne dépense rien non plus. Et puis où aller quand on est une femme inculte, illettrée et pauvre ? À part pute dans les ports, et encore pour ça il faut être belle et gentille.

Vivre ici comme un serf du moyen-âge, un bonheur enviable pourtant pour ceux qui refusent le progrès, pensait Damien en écoutant Fatima. Mais un malheur pour celles qui voudraient s'offrir un petit flacon de parfum ou un magazine de mode. Alors, toute amertume mise sous le boisseau, faire la cuisine pour ces rustres est un pis-aller. Cela n'empêchera pas ces femmes de rêver à une existence plus douce et plus humaine sous d'autres cieux.

Mais retournons sur le chemin du puits. Un trou profond de cinq à six mètres, d'une largeur juste suffisante pour que s'y glisse un homme, a été creusé sur la place en des époques vénérables et lointaines. Au fond stagne une eau grise et fraîche qu'il faut laisser décanter et faire bouillir avant de la boire. Sauf si, comme l'a prévu la Compagnie dans la trousse de survie, on dispose de produit chimique pour la rendre immédiatement buvable. Une foule de fillettes entre neuf et treize ans à vue de nez, de vieilles et de femmes mures larges de fesses et de hanches, équipées de bidons et de bassines font maintenant cercle autour de ce trou en attendant leur tour d'être servies. Elles s'écartent et reculent, on ne sait jamais, à l'arrivée de Damien, le fameux démon chrétien. Un peu étonné d'y voir tant de monde, et si vite surgi, ce dernier se retrouve rapidement entouré. Les fillettes et les femmes, dont il ne discerne qu'une moitié de visage derrière le haïk, ne sont pas menaçantes mais à la fois curieuses et apeurées, voire méfiantes. Son intervention pistolet au poing à propos de fourchettes et de casseroles, a fait le tour du village. Il y a du monde également parce que c'est l'heure où chacun, mère de famille et grands enfants, viennent s'approvisionner en eau pour le repas du soir et le lendemain.

Une matrone, taillée comme un tonneau de bière, y distribue l'eau avec fermeté et parcimonie en fonction de la taille des foyers. Damien, sans tenir compte de la file d'attente, fait remplir ses deux seaux à ras bord et s'en retourne en sifflotant sous le regard désapprobateur de la matrone. Après tout, se dit-il, je suis le chef, j'ai droit à des égards sinon à quoi cela servirait-il de l'être ? Mes privilèges sont ceux du civilisé face aux barbares, un civilisé qui a des besoins dont les barbares ignorent le plus élémentaire. Ce sont aussi les prérogatives de celui qui possède une arme, une vraie, une militaire et qui est prêt à s'en servir ... Bon j'arrête de réfléchir, se dit-il avant que j'aie à rougir de mes pensées. La matrone n'a formulé aucune remarque devant cet abus d'autorité. Elle se contente d'engueuler et d'allonger une taloche à un gamin qui fait des commentaires dans un dialecte que Damien ne saisit pas.

Ali lui expliquera plus tard que le puits est, pour le village, un espace sacré, plus sacré que le Coran, car on ne peut se passer d'eau tandis que du Coran oui, on peut facilement s'en passer... À propos de Coran le vieux Mohamed en possède un qui date du temps des croisades et qu'il n'ose plus ouvrir de peur de le voir tomber en morceaux. Il ne lui sert à rien, précise Ali, car le vieux Mohamed ne sait pas lire. On applique autour du puits quelques règles simples mais sacrées. Dans un rayon de dix pas il est interdit de cracher, d'uriner, de laisser les animaux vagabonder et y faire leurs besoins. La matrone, une sorte de prêtresse, elle aussi sacrée, balaie autour du puits deux fois par jour et ne commence jamais la distribution sans une prière adressée à la terre et à l'eau qui est le lait de cette terre. Prière qu'elle est seule à connaitre. De temps à autre quand le puits menace de s'assécher le vieux Mohamed brandit son Coran vers le ciel et tout le monde marche autour du puits en chantant jusqu'à tomber de fatigue. Et cela suffit...

13

Au bout d'une semaine, Ali, à la manière furtive des chats quand ils vous grimpent sur les genoux en imposant leur utilité, Ali donc en se rendant constamment indispensable à propos de n'importe quoi, s'était imposé, sans qu'il y ait vraiment discussion à ce sujet, comme l'adjoint officieux de Damien. Un peu pour surveiller ce dernier, en particulier lors de ses relations avec le village, un peu pour le conseiller, il se tenait aux côtés de Damien de son lever à son coucher. Et parfois la nuit en étant de garde devant sa porte, comme on le verra un peu plus loin. Discret et silencieux comme un vice-président américain. Au bout d'une semaine une certaine forme d'intimité basée sur un respect mutuel et une reconnaissance des responsabilités de chacun, s'était établie entre eux. Ils avaient pris l'habitude, chaque soir, avant que ne rentrent les troupeaux, de boire un thé sous la pergola de la maison du Commandant du camp d'aviation en échangeant de vagues histoires personnelles en attendant que démarrent les campagnes guerrières de la Compagnie.

Un de ces soirs, Ali, voyant un garçonnet vêtu d'une longue robe blanche de coton tachée de sang traverser péniblement la rue raconta sa propre circoncision, une trentaine d'années plus tôt. Un drame pour lui. Même maintenant, la souffrance et la terreur ressentie lors de cette cérémonie étaient bien visibles dans ses yeux et sur son visage.

– Et pourtant tu as fait circoncire tes fils ?

– Il le fallait, la mère et la grand-mère y tenaient. Les femmes sont les gardiennes de la tradition…

Soupirs et contritions.

Autre son de cloche et une apparente contradiction avec l'opinion des femmes du village, et en particulier celle de Fatima, qui réclamaient une existence meilleure, plus d'émancipation et de liberté avec le droit de ficher le camp hors d'ici sans rien demander à personne. Mais Fatima était, déjà, une femme libre car veuve respectée qui avait son franc parler. Dans Béni Farès, comme ailleurs sur la planète, chacun voit les choses et les événements depuis son belvédère personnel.

Physiquement, Ali possède les traits et les caractères d'un peu tout le monde (de toutes les races, devrais-je dire, si je n'étais pas sous le charme piquant du politiquement correcte). De celles qui ont traversé Esperanza, ou l'ont conquis et s'y sont installées, parfois pour peu de temps. Ses lèvres sont trop charnues et presque violettes, ses yeux bruns trop en amande et son teint est plus foncé que celui de Damien. Il est intelligent et sensible. Par goût il a lu beaucoup de ces œuvres sentimentales dites « à l'eau de rose » réservées, parait-il, aux dames qui gardent les vaches. Des romans qui font sourire par l'indigence de leur intrigue et leur absence de nuances mais que lui, Ali, prenait très au sérieux. Chez les chrétiens, pensait-il –

à cette époque il récoltait les asperges et les fraises au bord de la côte – la vie des jeunes femmes n'est que turpitudes et aventures amoureuses.

Après son retour à Béni Farès, il avait repris lors des veillées autour du puits, et avec le sérieux raisonnable d'un journaliste de télévision chargé de la culture, quelques-uns de ces récits dans lesquels des femmes riches et hypocrites pervertissaient nombre d'hommes pauvres et honnêtes. Et parfois même, racontait-il, c'était le contraire : des hommes riches pervertissaient des bécasses venues du fin fond du bled. Soupçonnant les rêves d'exil des femmes, il tentait par ce subterfuge de les ramener à la raison en leur montrant, pédagogiquement, les risques encourus pour leur vertu et le futur incertain qui les attendait plus tard auprès d'Allah. Il ne soulevait que des petits sourires narquois ou de francs ricanements de leur part. Comment, se disaient-elles, nous pourrions être, chez les chrétiens, convoitées, flattées et considérées, alors qu'ici nous ne sommes qu'une bête de plus ajoutée au troupeau ? Et puis, qu'est-ce que l'amour vu par Ali ? Ou par n'importe quel mâle du village ? Pff, autant se tourner vers un bouc pour obtenir un peu de considération.

Enfant, Damien était persuadé que les cow-boys du cinéma de Babalou mouraient vraiment sous les flèches indiennes et il ne parvenait pas à s'expliquer comment il se faisait que l'on revoyait l'un d'eux vivant lors de la séance suivante. Ali, comme l'enfant Damien, était persuadé de la véracité de l'histoire qu'il lisait ; sinon, pourquoi l'écrire si c'était pour mentir et tromper le lecteur. Pour lui le Coran était un puits de vérité, tout comme les Évangiles et la Tora puisqu'ils étaient écrits, commentés, enseignés et surtout imprimés. L'imprimerie cautionnait les livres saints, et tous les autres, car pourquoi se donnerait-on tant de mal et dépenserions-nous une fortune pour en figer le contenu si ce n'étaient que des tromperies et des malveillances ? (Notons au passage que l'Empire ottoman n'a commencé à utiliser l'imprimerie qu'au 19ème siècle. Avant cela, le Coran était copié à la main. On peut se poser dans ce cas l'éternelle question de la fiabilité des retranscriptions manuscrites). Il était également friand de contes et de légendes du désert, plus incroyables les uns que les autres qu'il jugeait pourtant tout à fait plausibles et même des plus véridiques. Car ceux qui les colportaient étaient eux aussi hors de soupçons. Damien haussait les épaules et le traitait de crédule, de couillon. Il démontrait ensuite à l'envi l'exagération et la fausseté des livres sentimentaux. Les êtres humains n'agissent pas ainsi, disait-il. Ils ont l'honnêteté, la fierté, le courage et la générosité pour guide. Dans la plupart des cas.

– C'est dans notre tempérament, à nous qui vivons dans le désert, donc loin de toutes références et repères attachés à la société ouverte, d'être sentimentaux et réceptifs à ce genre d'histoire, soupirait Ali. Notre éducation nous porte vers la féerie. Le Prophète ne s'est-il pas envolé de La Mecque sur le cheval, ou l'âne, Bouraq pour aller se poser, après une nuit de voyage, à Jérusalem ? Et ces histoires extraordinaires que l'on se raconte autour des feux pendant les bivouacs des caravanes ? Histoires de sorciers et de démons qui s'emparent de l'âme innocente des hommes pour les livrer à la débauche. Lorsque l'on voyage très longtemps, disaient les caravaniers, il vaut mieux imaginer nos épouses comme les victimes des djinns envoyés par Allah ou les démons, que comme des chèvres en chaleur.

Au cours de la nuit qui suivit son installation, pour parler comme Robinson Crusoé, et vers minuit, Damien fut réveillé par des bruits de pas dehors. Quelqu'un faisait les cent pas devant sa porte, des allers et retours d'un coin de la maison, à l'autre sans marquer de pause. Des pas fermes et sonores, pesants même, des pas d'homme. Rien de furtif. Dans la nuit calme et absolument silencieuse, même des semelles de feutre s'entendraient. Ce qu'il perçoit ce sont des pas de soldat, de guerrier décidé et sûr de lui, armé probablement d'une mitraillette ou d'une carabine. Et certainement d'un poignard long et coupant passé dans sa ceinture. Damien, à cette évocation, se ratatine dans son duvet, tassé comme un poussin dans l'œuf. La lumière blanchâtre de la lune et des étoiles s'infiltre par les volets mal joints et éclaire d'une vague lueur l'intérieur de la pièce. Un éclairage même faible qui prouve au moins qu'il est encore vivant et qu'il sait où il se trouve. Cela suffit à lui redonner un peu de courage et un minimum de sang-froid.

Que fait cet individu dehors ? Une garde d'honneur ? Certainement pas, car rien de tel n'est prévu. Ce ne peut être qu'un rebelle, une avant-garde, ou quelqu'un du village peut-être même. Lequel village est complice puisque personne ne moufte et n'intervient... Je m'en doutais, fulmine-t-il, ah ! les salauds ! Les autres ne vont pas tarder à arriver pour lui faire sa fête et lui couper les roustons, comme le veut la tradition. Celui-là, dehors est en faction pour l'empêcher de fuir. Mais fuir où ? Chez qui ? Il n'y a pas de doutes je suis dans de beaux draps, se dit-il en essuyant la sueur qui mouille son front et ses aisselles.

Il ne dormait, par chance, que d'un œil et conformément aux conseils de Plouque, il avait glissé son pistolet dans son duvet, sous sa main, le cran de sûreté enlevé et une cartouche dans la chambre, prêt à faire feu. Il découvre à cette occasion que cette formule est loin d'être la plus pratique. On l'égorgerait comme un poulet avant qu'il puisse sortir son arme, tant elle se coince dans les étoffes sous les efforts qu'il fait pour la dégager, car le duvet est étroit et il est emballé dedans comme une chenille dans son cocon. Il risque même, en l'extrayant trop brutalement ou sous l'effet de la surprise de se percer la cuisse ou le pied d'une balle mal venue. Il frissonne à l'idée de se retrouver blessé, même avec une égratignure, dans ce bled à des kilomètres d'un médecin. Même vacciné à outrance avant de partir dans son cas, la gangrène ou le tétanos avec cette poussière et cette morve, cette hygiène minimum au milieu des bêtes, ça vous ratatine un homme en deux jours.

Debout d'un bond, à demi-nu et tout glaglatant de trouille et de froid, il glisse un regard par la serrure de la porte. Il découvre un individu armé d'un fusil de chasse qui va et vient au clair de lune, à quelques mètres de sa porte. Il le distingue mal. La nuit, malgré la lune, est encore trop sombre. L'individu porte en outre une djellaba et il s'est encapuchonné. Seul le nez apparait. Cela renforce son opinion : c'est un rebelle qui attend de l'aide avant de l'estourbir. Sinon que ferait un habitant du village à glander devant sa porte au milieu de la nuit ? Ali l'aurait prévenu dans ce cas. Mais ça ne se passera pas comme ça, je vais défendre ma peau, se dit-il en avalant un grand bol d'air. Ou plutôt je vais attendre qu'il m'attaque, ou encore je vais l'attaquer dès que le moment sera propice. Mais quand sera-t-il propice ? À cinq heures du matin, l'individu est toujours là, frais et vif comme à minuit. Et Damien est toujours debout derrière sa porte à se geler, en T-shirt et caleçon, son gros pistolet à la main. À six heures, au lever du jour, comme personne n'est venu prêter main forte à la sentinelle, sa trouille commence à se dissiper et il en profite pour se chausser et aller soulager ses boyaux malmenés. Accroupis sur les poutres, il réfléchit à ce qu'il vient d'observer dehors. Un rayon du soleil levant lui a permis de reconnaître Ali, ce traître, ce félon, dans l'homme qui le garde et qui par bonheur a probablement attendu en vain l'arrivée de ses complices. Il prend la décision d'intervenir, face à face avec ce salopard, à arme égale ou presque. Cela ne servirait à rien d'attendre plus longtemps. Tremblant de la tête aux pieds et les membres agités comme les branches d'un peuplier dans la tempête, il retourne à son poste d'observation. Il vérifie la présence d'une cartouche dans la chambre du pistolet et s'assure une fois de plus que le cran de sûreté est enlevé, puis il ouvre sa porte brusquement. Il interpelle Ali d'une voix qui se brise et qui ressemble à l'appel amoureux d'un canard adolescent. Il lui demande ce qu'il fait là, devant chez lui.

– Je monte la garde, répond Ali très logiquement. Et il vient vers Damien avec un large sourire et la main tendue. Salut chef, tu as passé une bonne nuit ?

Damien sans relever l'ironie involontaire, est en partie rassuré par la bonhommie d'Ali. Le jour qui se lève derrière les montagnes chasse définitivement sa peur. Il fait quelques pas dans la rue histoire de vérifier les abords. Ali est seul c'est visible. Puis, afin d'être certain qu'aucune troupe ne s'avance vers le village, il scrute la montagne et la plaine avec ses jumelles. Des jumelles à peine plus puissantes que des lorgnettes de théâtre, constate-t-il à cette occasion. Une boîte de quatre fusées de détresse rouges, son pistolet et une boussole constituent avec les jumelles, tout l'équipement individuel du chef d'aérodrome. Ajoutons un poste de radio à ondes courtes de l'armée américaine, qui, selon les mauvaises langues, ne permet des liaisons radio qu'avec un interlocuteur à portée de voix. Avec un paquetage aussi réduit, Rommel se serait bel et bien égaré dans le désert.

Devant le caleçon rose à rayures bleues de Damien, l'œil d'Ali est tout surpris et il se retient de rire. Mais le pistolet, objet dangereux et bien réel, lui coince son rire dans la gorge. Il décide donc de ne rien remarquer ni le caleçon ni le pistolet. Dans la Grand-rue une bergerie se vide de ses moutons dans un chahut de bêtes qui se bousculent, de glapissements humains, de poussière et de bêlements. Une autre ouvre ses portes à grands fracas et une autre encore. Les bergers se saluent et s'interpellent avec des hurlements gutturaux capables de réveiller les plus sourds. Déjà le premier vieux vient s'asseoir sur son seuil. Damien invite Ali à venir boire un café, et que faire d'autre ? Il a découvert une cafetière et trois kilos de café moulu dans une caisse au cours d'une chasse au trésor dans laquelle l'objectif était de trouver le sel. Ne serait ce foutu fourneau qui renâcle à démarrer, il s'estimerait plutôt bien loti.

On discute de choses et d'autres pendant qu'il s'escrime à tourner des boutons et à appuyer sur des zinzins grésillant censés mettre en route le bidule. Il ne dit mot de sa trouille, autant par pudeur que pour ne pas donner à Ali l'occasion de se moquer de lui. Enfin le fourneau démarre avec un bruit d'avion à réaction au décollage et Damien met l'eau à chauffer. Ali lui demande s'il est maintenant tout à fait installé.

– Ça pourrait être pire, répond-il.

Une odeur de coliques en provenance du WC s'est répandue dans la pièce et Ali fait la grimace.

– J'ai été malade cette nuit, explique Damien, des sardines à l'huile pas fraîches, la fatigue, le changement d'air m'ont perturbé le métabolisme, mais ça ira mieux demain.

Et c'est comme ça, à partir des petites choses de la vie quotidienne, qu'est née une certaine intimité entre les deux hommes.

14

La nuit suivante c'est l'un des Mohamed qui fait les cent pas devant la maison, emballé dans une djellaba grise et comme Ali, le fusil de chasse à l'épaule. Comme la veille, vers minuit, Damien s'est tapi derrière la porte, les jambes en compote à force de trouille et prêt à faire feu à la moindre velléité d'attaque du Mohamed. La nuit d'après, encore un autre Mohamed, toute la semaine les Mohamed se succèdent devant sa bicoque. Damien passe ses nuits à somnoler, à demi glissé dans son duvet, l'œil rivé sur la porte. Il a dissimulé son lit derrière une pile de matelas, lui-même est dos au mur et le pistolet posé à portée de la main. Tel Clint Eastwood, qu'il admire, attendant l'attaque des bandits mal rasés. Un matin, épuisé par les veilles, il prie Ali venu lui rendre visite, d'aller faire les cent pas ailleurs lui et ses Mohamed.

– Et d'abord pourquoi une garde devant ma porte ?

– Nous craignons l'attaque des rebelles, répond Ali d'une voix unie avec dans l'œil cependant une lueur d'inquiétude. Les réactions du jeune homme, toujours aussi imprévisibles, l'inquiètent. Car si Damien pose une question aussi stupide, pense-t-il alors que la réponse est si évidente, c'est qu'il est comme ces béliers qui, sans raison apparente, peut-être sous l'influence de la lune, foncent sur leur berger, donnent des coups de tête dans les barrières et mordent leurs congénères. Bref, se comportent comme des idiots.

– Moi aussi je crains les rebelles, mais encore ?

– Nous ne voulons pas qu'ils te fassent du mal. Avec les gardes de la Compagnie, ce n'était pas pareil, ils montaient eux-mêmes la garde et ils savaient se défendre.

– Je suis capable moi aussi de me défendre… Et pourquoi tant de sollicitude ?

– Parce que la Compagnie raserait le village en punition s'il t'arrivait malheur, soupire Ali excédé. Nous n'aurions plus de toit et nulle part où aller et nombre des nôtres seraient tués en défendant le village ou mourraient de faim par la suite. Dans la guerre contre les rebelles, il meurt beaucoup trop d'innocents. Et Ali hoche gravement la tête.

Damien est flatté de tant d'attentions. Il n'ose avouer que sa mort s'inscrirait plutôt dans la colonne des pertes et profits. De plus, pense-t-il, la Compagnie n'a pas l'habitude de monter des expéditions punitives pour venger un simple pilote d'avion à hélice de seconde classe. Fort de cela, il ferme son bec. Autant les laisser dans l'ignorance et accepter qu'ils le protègent des rebelles et même du diable si ça leur chante. Après tout, les directeurs, dans leurs bureaux climatisés ont des gardes, des gendarmes armés de hallebardes et d'estramaçons qui veillent sur leur tranquillité, même la nuit, alors pourquoi pas lui.

Mais dormir en pointillé ou ne pas dormir du tout, autant participer, se dit-il après réflexion. Il est de nouveau accroupi sur les deux poutres. L'endroit est favorable aux résonnements constructifs ; mais on y gagnerait en agrément si la fosse était enfin vidée. Le soir même il déclare donc à Ali, d'un ton solennel qu'il prendra son tour comme les copains et qu'il commencera cette nuit même. Ali est agréablement surpris et ses yeux pétillent. Damien devine que cela va faire taire les grincheux du bled et peut-être les Mohamed eux- mêmes qui renâclent. C'est le moment aussi de lui demander d'envoyer une corvée pour vider les chiottes. Ali promet deux Mohamed pour la fin de matinée moyennant vingt-cinq zozos chacun. Payable à lui seul. C'est du bon fumier, commente-t-il, mélangé aux crottes de mouton.

Son front soudain se plisse et ses yeux s'obscurcissent.

– Mais, dit-il, si les rebelles descendent pendant que tu montes la garde et te coupent le kiki, la Compagnie enverra quand même chez nous ses soldats et sans réfléchir ratiboisera Béni Farès.

– Je suis de taille à me défendre. Damien brandit son pistolet. Les rebelles n'ont pas intérêt à se pointer au bout de mon arme, c'est moi qui te le dis ! Une seule balle de ce pistolet déchiquette un éléphant… Et puis si je vois qu'ils sont trop nombreux j'appellerai au secours et je me sauverai.

Ali parait peu convaincu mais puisque cet innocent est volontaire pour monter la garde, il n'y a rien à dire. Durant sa première nuit de garde, Damien a de la peine à se retenir de faire feu sur tout ce qui bouge dans la rue comme dans les proches alentours. Paquets de feuilles d'alfa, brindilles, chiffons, on dirait que le Malin s'amuse à lui envoyer dans les jambes tout ce que le vent peut pousser de louche et de fantomatique dans la nuit. Du côté des montagnes, sur le plateau, les cavaliers de l'apocalypse brandissent faux et épées ; des dragons biscornus se mettent à traverser la piste d'atterrissage en gambadant. Sans cesse, côté rue, dès que la lune quitte enfin son lit de nuages, apparaissent des silhouettes vagues qu'il identifie comme de possibles rebelles qui avancent vers lui en rampant, ou en rasant les murs, courbés et chargés de mauvaises intentions. Ou bien c'est pléthore de guerriers en train de ramper entre les touffes d'alfa que le vent secoue. Il l'avoue, il a beaucoup négligé de manger des carottes et de s'entraîner à la vision nocturne. Les gardes de nuit qu'il avait montées après son engagement dans la Compagnie, duraient seulement deux heures, se déroulaient dans des endroits pacifiés et éclairés comme des terrains de foot et par conséquent dépourvues du moindre danger. Rien ne pouvait lui donner la berlue comme ici, dans cette nuit qui par intermittence devient si obscure qu'il ne voit même pas le bout de ses chaussures. Tout ce dont il se souvenait de ses nuits de garde, c'était le café à profusion et les parties de cartes avec les copains en attendant son tour. Le lendemain il est le premier à rire de sa frousse. Ce qu'il prenait pour une silhouette menaçante, un dragon, un rebelle, n'est au matin qu'un agneau échappé de sa bergerie qui s'est endormi près du puit.

Une fois aguerri par plusieurs nuits de garde, au moins une par semaine, et si la lune éclaire suffisamment, Damien en profite pour se promener dans le village. Il ne juge pas nécessaire de faire les cent pas devant sa baraque puisque celui qu'il faut protéger est dehors. Etant donné qu'il n'y a personne pour cracher dans la poussière en le voyant, il prend la liberté de jeter un coup d'œil à l'intérieur des pergolas, en passant. Il découvre des constructions de bric et de broc, au toit couvert de gerbes d'alfa soutenu par des échafaudages branlants de perches d'acacias centenaires. Certaines sont glissées entre d'autres perches centenaires lesquelles apparemment ne s'appuient sur rien de solide et ne joignent nulle part, comme jetées à la manière des piques du jeu de mikado. Ces gens ont le chic pour rabouter des morceaux de bois disparates et à la limite de tomber en poussière sans se soucier de solidité. Et pourtant ça tient. Damien secoue quelques piliers, si on peut appeler pilier la branche pourrie et à peine équarrie qui fait le lien entre la toiture et le sol, la pergola bruit comme un feuillage dans le vent mais tient bon. Un type de construction qu'aucun architecte n'oserait revendiquer.

Les familles les plus riches y ont une table et des chaises. Il reconnait le mobilier que la Compagnie lui a mis en compte et qu'il a offert à Ali, depuis vendu, ou échangé par ce dernier. Les autres, les pauvres se contentent pour s'asseoir de tabourets bancals ou de caisses ayant jadis contenu des dattes ou tout autre chose. Parfois ils n'ont pu se procurer qu'une unique chaise pliante auprès d'Ali, une sorte de trône attribué au chef de famille. Chaise kaki échangée un agneau la chaise ; à ce train-là Ali va rapidement devenir le plus riche de la région, estime Damien. Ce qui est logique, pense-t-il, puisque c'est le plus instruit. Et le plus malin. Des fromages de brebis, les djbens comme les appelle Ali, pendent sous nombre de pergolas. (Tout le monde parmi mes lecteurs, sait que « djben » veut dire « fromage » mais à Béni Farès le générique suffit puisqu'on ne sait faire aucune autre sorte de fromage.) Enveloppés d'alfa ou de feuilles de figuier, ils dégoulinent de petit lait ; en ce moment les brebis ont des petits et regorgent de lait. Les fromages sont ensuite conservés pour l'hiver dans un endroit frais. Délicieux, leur goût ressemble à celui de la mozzarella. On peut les manger frais ou secs, frais ils se marient bien aux sauces et aux viandes en boulettes farinées. Il fera une grande consommation de ces djbens, achetés au prix fort à cet animal d'Ali qui est maintenant devenu une sorte de boutiquier en produits de toutes sortes, œufs, lait, fruits et légumes.

Quand en soirée il fait trop chaud dans les maisons, les hommes tirent un matelas sous la pergola pour dormir, en particulier quand un petit vent venant des montagnes rafraichit l'air. Certains dorment dans la rue ou en travers de leur seuil quitte à regagner leur tanière sur le matin quand le froid s'installe. On imagine la chaleur étouffante quand s'entassent les gosses et les parents dans une pièce unique, serrés les uns contre les autres, pas mieux lotis que les moutons dans leur bergerie. Le promeneur nocturne doit être prudent cependant, car les hommes ont le sommeil léger et le fusil de chasse à portée de la main. Si la nuit est très noire et que la lune et les étoiles sont cachées, mieux vaut rester sur place, là où vous êtes censé monter la garde. C'est-à-dire devant le PC du Commandant du camp d'aviation. Lorsque le ciel est dégagé c'est l'enchantement de la nuit. Damien ne s'en lasse pas. Des milliards d'étoiles scintillent pour lui seul. Il imagine que ce sont autant de fenêtres ouvertes ou autant de lunettes braquées appartenant à des mondes qui lui paraissent si proches qu'il pourrait les toucher en levant le bras. Comment faisaient-ils les chameliers pour se diriger la nuit avec tant de signes dans le ciel ? Quelle est leur étoile fixe ? Lui-même en connaît quelques-unes, nécessaires pour la navigation de nuit, comme Aldébaran et Rigel ou Bételgeuse mais sans les tables de navigation comment faire le point dans le désert ?

– La nuit les chameliers dorment, lui avait répondu prosaïquement Ali et durant le jour ils ont des points de repère et le soleil.

En passant devant les maisons et en se faisant le plus discret possible, les ronflements, les soupirs et parfois les plaintes d'un cauchemar ne peuvent échapper au promeneur nocturne. Au bout d'un certain temps Damien sait où habite n'importe quelle famille et il identifie facilement les ronfleurs. Le gros Mohamed ben Massoud est un champion sur ce plan. On se demande comment ceux de sa famille et les voisins font pour dormir et se reposer. Mohamed ben Massoud est grand, gros et peureux, mais il est riche et personne ne songe à exiger de lui qu'il aille dormir avec ses chèvres. Quelques voix s'élèvent, quelques toux et grognements, parfois les voix sont tendres, voix d'homme et de femme, voix d'enfant. Quand Damien arrive près des bergeries, il n'est pas rare qu'un mouton le salue d'un long bêlement interrogatif, immédiatement suivi par d'autres ici ou là et parfois la cacophonie s'installe. Il ne lui reste plus qu'à courir jusque devant sa porte avant qu'un villageois inquiet pointe son nez et le canon de son fusil. Certains troupeaux sont parqués dans des enclos et les moutons réveillés s'approchent de lui en clignant des yeux. L'enclos est une manière ostentatoire de montrer sa fortune car on peut y compter les bêtes. Celles-ci ont une oreille percée selon un code particulier à chaque propriétaire. Lorsque la nuit tombe ou même vers la fin de la nuit on allume les lampes à huile dont le halo doré transforme les taudis en grottes mystérieuses. On ne l'allume pas trop longtemps car l'huile d'olive coûte cher, que l'on remplace parfois par le gras de mouton.

Damien sait aussi où habitent les filles à marier. Elles ont entre treize et seize ans, guère plus. Certaines apparaissent au clair de lune, bâillent, s'étirent avec des gestes souples de chat et le regardent d'un œil évaluateur. Gêné Damien serre les fesses et accélère son pas, non pour fuir ces gazelles innocentes, mais pour fuir un futur beau-père irascible et têtu pour qui l'issue d'un baiser sous les étoiles, même léger, c'est le mariage. Parfois elles lui adressent un petit signe de la main auquel il répond. Parfois il envoie un baiser du bout des doigts, elles lui sourient de toutes leurs dents magnifiques puis elles retournent se coucher. Certaines sont des habituées. Il ne les voit que la nuit quand il fait sa ronde, c'est ainsi qu'il appelle sa promenade, fantômes en chemises de nuit multicolores et opaques comme du carton qui le font rêver malgré tout. Ah ! Regina si tu étais là… Tout de même, il se demande comment font ces demoiselles, et quel réveil sonne dans leur tête, pour apparaître pile au moment où il passe devant chez elles ? L'attendraient-elles ? Il y a là de quoi avoir quelques palpitations amoureuses. Et quelques craintes aussi.

Ali le met en garde : « Ici ce sont les parents qui choisissent leur gendre et je ne crois pas que tu fasses un jour partie du casting. » Pas de blague se morigène Damien, il ne représente pour elles que l'une des manières de voir le monde et de s'échapper de Béni Farès. Ce qui ne l'empêche pas d'aller les regarder au plus près que permet la décence et les mœurs locales. Il peut même leur prendre la main, une main chaude et sensuelle qui se referme tendrement sur la sienne. Deux ou trois sont très jolies et n'ont rien d'une clarinette.

15

Un matin, après quatre ou cinq nuits de garde de notre héros, Ali, devant un café fumant pris dans la « cuisine », lui confie abruptement que personne dans le village n'a vraiment peur des rebelles. Et, les yeux dans les yeux, personne ne pense qu'ils auraient le culot de venir zigouiller le chef du camp d'aviation. Ce discours n'a d'autre but que d'inciter Damien à dormir dans son lit ou à défaut de rester bien tranquille devant sa porte. Surtout de ne pas rôder dans le village et pis encore d'envoyer des baisers, voire de s'emparer de la main des jeunes filles insomniaques. Une des mères a dû surprendre un chuchotis, un rire, un bruit de pas ; si c'était l'un des pères il aurait déjà le fusil de chasse en face de lui. Il ne répond pas et soupire, tant de tendresse qui ne trouve pas preneur du côté de ces filles.

– Avant que la Compagnie ne débarque avec ses bidons d'essence, continue Ali qui ne se rend pas compte du trouble de Damien, les rebelles nous rendaient visite pour s'approvisionner et échanger le peu qu'ils avaient, des vêtements ou de la monnaie contre un agneau. Prévenus de ta présence et pour ne pas avoir à te rencontrer, bien qu'ils aient très envie de te zigouiller, ce qui, affirme Ali, ne présente pas de difficulté majeure pour un rebelle endurci, ils ne se montrent plus. Il y a quinze jours ils ont même levé le camp pour émigrer vers l'Est, vers Sidi Ouled toujours dans la montagne, mais à plus de cent kilomètres de leur ancien camp. C'est le jeune Mohamed qui a rapporté l'affaire. Le jeune Mohamed a dix-sept ans, il est le fils de Mohamed ben Mohamed et le frère du petit Caramel qui n'a que onze ans. C'est l'agent de liaison du village auprès des rebelles.

L'information surprend Damien et l'amène à réfléchir. S'ils ont vraiment levé le camp, cela rend sa mission non pas caduque, car les avions en cas de besoin peuvent se détourner vers Béni Farès pour faire le plein depuis Sidi Ouled, mais incertaine. Il compte sur ses doigts et consulte son calendrier de poche, cela fait vingt-trois jours qu'il est ici. Et, il faut le reconnaître, ce qui confirme son inutilité, il n'a pas vu le moindre avion venir s'approvisionner. Il en a aperçu quelques-uns, hauts dans le ciel, des chasseurs P38 issus des surplus de l'armée américaine, de gros hélicoptères bruyants en forme de concombres, appelés « Concombre » justement, quelques bimoteurs de bombardement B26 et de petits hélicoptères baptisés « Perruche ». Tout ce petit monde a disparu dans les nuages accrochés au mont Pelu. Mais pas une seule explosion de bombe ou de roquette, pas une fumée. Rien, nada, que le vide au bout de ses jumelle. Juste des balades touristiques pour faire prendre l'air aux équipages et à Bignard dans sa « Perruche » dorée.

– Le jeune Mohamed a-t-il su s'ils ont subi des attaques de la part de la Compagnie, ou même des commandos Delta ?

– Hé ! Des attaques, ils en ont tous les jours, des petites et des grosses, même entre eux ils se battent, parfois pour la possession d'un petit canon, d'une femme ou d'un trésor de guerre provenant d'une razzia. Ils aiment ça, se battre. Ce sont des gens courageux mais pas au point d'attaquer frontalement la Compagnie. Ils préfèrent l'éviter et occuper le terrain en continuant à se chamailler. Ils ont aussi de bonnes jambes, c'est aussi pour ça qu'ils changent de camp souvent. Le jeune Mohamed n'a rien dit à propos d'une attaque massive qui aurait eu lieu ; mais s'il les a vus, c'est qu'ils n'étaient pas morts.

Interrogé, le jeune Mohamed en fait n'avait rencontré qu'un lointain cousin dont les aïeux avaient émigré à Ténébra. Celui-ci était revenu dans de pays d'Esperanza pour, naturellement, délivrer les Espéranzais de leurs chaînes, mais surtout pour que sa femme accouche dans de bonnes conditions, pas trop loin d'un hôpital. Il venait de la quitter. Elle était, après l'accouchement, hébergée dans un village qui possédait un infirmier et même un instituteur. C'est là que le jeune Mohamed a rencontré le cousin. Ce dernier n'était resté que deux jours auprès d'elle et ne savait pas ce qui avait pu se produire durant ce laps de temps. Mais s'il y avait eu une grosse bataille on l'aurait prévenu, car ce cousin était un haut gradé chez les rebelles et son escorte était pourvue d'un émetteur-récepteur radio qui fonctionnait à la perfection. C'est ce jour-là aussi que Damien, endormi par la routine du village, se rendit-compte qu'il allait bientôt déborder sur le temps imparti à son séjour. (Je l'ai déjà dit, mais je le redis, on ne peut pas se fier au gouvernement et à la Compagnie dans ce pays).

– Sidi Ouled, là où se sont installé les rebelles, est une mechta de bergers riches, complète Ali car il y a tout autour des vallées vertes avec d'excellents pâturages. Pas comme ici où les moutons n'ont de l'herbe que pour six, pas plus. Seuls les plus costauds mangent correctement, les autres sont nourris d'alfa et d'épluchures. Les habitants de Sidi Ouled pourront approvisionner les rebelles sans problèmes.

Si le déplacement des rebelles à Sidi Ouled rendait caduque la mission de Damien, il rendait du même coup inutile la piste d'atterrissage. Il avait consulté ses cartes, contrairement à ce qu'il avait pensé, il faudrait désormais par trop se dérouter pour venir s'approvisionner en carburant à Béni Farès. Sauf cas exceptionnel, il vaudrait mieux rentrer directement à Constantz ou accessoirement se poser sur n'importe quel terrain qui soit sur le trajet. Comme Béni Farès n'est sur aucun itinéraire, son inutilité s'impose, mais que faire ?

– Que faire ? soupire Damien, allongé sur son lit et les yeux au plafond. Il a pris l'habitude de parler tout haut quand il est seul, au moins pour meubler sa solitude. Je suis cloué ici et je ne me vois pas prendre la route à pied sous le soleil. Même de nuit le voyage n'est pas faisable à cause de la chaleur qui, depuis quelques temps faiblit à peine entre le jour et la nuit. Et surtout en raison de ma méconnaissance du chemin. Le premier poste de la Compagnie est à cent soixante-dix bornes, un peu avant Mater et Ali affirme que les gorges qui mènent au principal village sur ma route ne sont pas sûres, il y toujours quelques rebelles qui y font du brigandage. Et puis il y a les bidons de carburant dont j'ai la garde. Comment les emmener avec moi ? La Compagnie finira bien par venir me chercher.

Plus tard il apprendra que la grande opération prévue par la Compagnie a bien eu lieu. Mais un détachement de reconnaissance des paras de Delta, en arrivant sur le « Point Charlie » ne trouvèrent personne, pas même deux ou trois pelés de rebelles égarés à qui tendre une petite embuscade. Dans le petit vallon du mont Pelu où les rebelles étaient censés camper, ils ne découvrirent que des cendres froides et de nombreuses boites de conserve vides. Après cela les avions ne décolleront plus et les hélicoptères « Concombre » et « Perruche », restèrent dans les hangars. Le temps pour le général Bignard de monter une autre opération du côté de Sidi Ouled. À Sidi Ouled, les rebelles bien informés n'avaient pas attendu les parachutistes et s'étaient une fois de plus dispersés par petits groupes qui s'étaient fondus dans la nature. Comme des poissons dans l'eau, aurait dit Mao. Les directeurs de la Compagnie, et surtout Bignard, exigèrent que plusieurs enquêtes soient menées pour connaître la raison de ces dérobades successives. En particulier en ce qui concerne la première opération, celles du mont Pelu, laquelle devait signer la débâcle générale des rebelles et instaurer la paix dans Esperanza. Il fallait trouver des coupables...

Damien avait interrogé Ali à propos des rebelles, avant qu'ils ne lèvent le pied pour gagner Sidi Ouled.

– Combien sont-ils dans la montagne ?

– Une compagnie au moins. Cent-cinquante hommes. Ils viennent de Tenebra et d'ailleurs, d'autres pays comme l'Union Soviétique, la Chine et Cuba qui luttent aussi pour la liberté. C'est ce qu'ils disent pour donner un sens, même vague, à leur présence. Mais, même pour défendre la liberté, ils ne tiennent pas à s'exposer inutilement. C'est un peu pour ça aussi qu'ils ne sont pas descendus nous voir et que tu es encore vivant. Ils ont peut-être aussi des choses plus urgentes à faire que de t'égorger.

– Tu le regrettes ?

– Inch Allah ! J'ai appris à ne pas chercher à en savoir plus qu'il ne faut. C'est pour ça que je suis vivant moi aussi.

Ali n'a pas oublié le pistolet que Damien lui avait mis sous le nez le jour de son arrivée et il lui en veut encore. Pour avoir vécu à Constantz et comme chef du village, il se considère comme un allié et un ami des gens de la Compagnie. Un ami de tout le monde en fait, gage de paix collective et de conscience tranquille. Dans les premiers temps, Damien ignorait tout de cette subtile diplomatie propre au village qui voulait qu'on ne menace pas un chef devant ses subordonnés et que l'on ne refuse jamais son aide. Il ignorait aussi les rapports du village avec les rebelles bien qu'il les devinât aisément aujourd'hui. Evidemment, avant son départ pour Béni Farès personne, mis à part le chef du renseignement qui avait effleuré le sujet, n'avait songé à l'instruire sur la mentalité des habitants, et sur leurs coutumes. Il était censé apprendre de lui-même en les observant, comme n'importe quel émule de Lévi-Strauss, à condition qu'ils se laissent observer.

Les bureaucrates de la Compagnie quant à eux estimaient qu'ils perdaient leur temps en essayant de comprendre ces gens qu'ils tenaient pour des barbares incapables du moindre bon sens. Car, disaient-ils, « s'ils avaient un peu de plomb dans le ciboulot, ils se seraient tirés de leur bled depuis longtemps ». Au bout du compte il faudra à Damien beaucoup de temps pour les comprendre. Trop, en raison de son ignorance crasse. D'où sa prudence à aborder avec eux certains sujets comme l'instruction, la justice, la guerre. Il sera bien étonné de découvrir qu'en gros ils pensaient comme lui et qu'ils étaient d'accord avec lui sur presque tous les sujets en dehors du statut de leurs filles et de la liberté à leur accorder. Les filles, avant le mariage, étaient taboues et la liberté, en général et pour tout le monde, se limitait à obéir à Dieu quand Celui-ci se manifestait, et au vieux Mohamed ou à Ali les autres fois.

Cela fait maintenant presque deux mois que Damien végète à Béni Farès, ce qui ne l'inquiète pas outre mesure. La Compagnie ce n'est pas la Société des Chemin de Fer Espéranzais pour la rigueur de ses horaires mais plutôt l'Organisation des Nations Unies pour la fidélité, relative, à ses engagements. Le directeur en chef à autre chose à faire, pense-t-il que de s'occuper de lui. Il peaufine sans doute une énorme opération prévue sous peu, qui va me ramener ici une demi-escadrille, car on signale quelques rebelles de retour dans leur ancien camp dans la montagne. « Probablement des gars qui ont le mal du pays et des amitiés ou des amours dans le coin », pronostique Ali. Il ajoute que pour ne pas se faire remarquer ils se déplacent beaucoup, de mechta en mechta, évidemment dans celles où ils sont en sécurité. Ali, en bon chef de village, non seulement est astucieux et retors, ce qui est la moindre des choses pour un chef, mais en plus il est toujours bien informé.

Faute d'avoir à organiser le ravitaillement des avions et l'hébergement des copains, Damien jouit simplement de n'être emmerdé par personne, ni par les rebelles, ni par la Compagnie. En cas de bataille sévère les gars du commando Delta n'auraient pas manqué d'envahir le village à un moment ou à un autre, ne serait-ce que pour en faire un point d'appui et pour profiter ainsi du séjour si gentiment offert par le Commandant du camp d'aviation et ses aides. Pour Damien, c'est comme si ce morceau de terre, ce caillou pelé qu'est Béni Farès naviguait en paix dans l'espace à cent mille kilomètres des civilisations guerrières dont la planète Terre regorge.

Cependant ce caillou pelé se trouve aussi en dehors de tout circuit de l'information officielle. Naturellement la radio officielle n'atteint pas le village et la télévision est encore en chantier quant aux journaux il faudrait aller les acheter à Mater, à plus de deux cents kilomètres. Devinant que le plan de Bignard et de l'état-major s'est effondré faute de combattants, Damien se réveille souvent tourmenté par des pensées défaitistes. Et si les rebelles avaient lancé une vaste offensive ? Une offensive rassemblant tout ce qui traine de sympathisants dans le pays. Une opération de conquête qu'ils ont gagnée. Et si en ce moment toute la Compagnie était en fuite, galopant à perdre haleine vers les ports pour s'y retrancher ou fuir ? Il se pince pour se convaincre que c'est impossible ! C'est impossible, impossible ! Parce que ces gars, ces rebelles, sont trop peu nombreux, qu'ils sont mal armés et mal équipés et que nous allons gagner ! C'est Michon qui l'a dit.

Les yeux ouverts dans le noir, réveillé au milieu de la nuit par le plus léger des bruits - la garde devant chez lui a été supprimée mais il y a les souris ou les rats- la même question lui revient sans cesse. Pourquoi Michon l'a-t-il envoyé glander dans ce bled sachant que l'autonomie de nos avions, en ajoutant des bidons de carburant sous les ailes, leur permettait d'atteindre leur objectif et de revenir sur leur base sans risques, tout en les maintenant opérationnels ? Voulait-il l'éloigner ? Quel trafic inconnu menait-il sous couvert du maintien de l'ordre que lui, Damien, aurait découvert incidemment ? Il a beau réfléchir, il ne voit pas. Devrait-il se considérer comme en exil ? Exilé pas trop loin de Constantz, mais suffisamment pour être oublié. Pas Napoléon à Saint Hélène quand même, mais plutôt Dreyfus parce que lui aussi, comme Dreyfus, n'est pas comme les autres. Il se répond alors invariablement qu'il est une sorte de naufragé oublié. Qui peut se soucier de lui aujourd'hui après deux mois d'absence durant lesquels de multiples événements ont probablement chamboulé l'organisation de la Compagnie. Qui peut se soucier de lui, en dehors d'un scribouillard perturbé de ne plus le voir se pointer toutes les quinzaines lors de la distribution gratuite de la bière et des jetons de poker. Et encore ce scribouillard peut très bien refiler sa bière et ses jetons aux copains sans s'attarder outre mesure sur le sort de leur véritable destinataire. L'honnêteté n'existe plus, la camaraderie non plus et l'esprit de corps encore moins dans la Compagnie. Hi ! Hi ! Snif ! C'est bien triste !

Il peut le confesser aujourd'hui, il a pleuré plusieurs fois d'angoisse et de solitude durant la première semaine de son séjour quand le village le considérait comme un intrus, un démon, et lui tournait le dos. Cela le réveillait en sursaut. En particulier la fameuse nuit où il se rendit compte qu'un individu, pour une raison qu'il ne devinait pas, faisait les cent pas devant sa porte et se raclait de temps en temps la gorge. Il redécouvrait alors, une fois totalement réveillé, qu'il ne dormait pas dans la chambre douillette qu'il avait au camp de Constantz mais dans une pièce sinistre éclairée par la lune, envahie de bidons d'essence, parcourue par quelques souris et parfumée par les effluves de la fosse à merde. Depuis, même avec les pelletées de poussière qu'il répand généreusement sur les matières, et même si les Mohamed la vident régulièrement, la fosse sent toujours mauvais. Fatima la fera combler et en fera creuser un autre dehors, derrière la maison, cachée par un petit cabanon.

Pourtant, à dater de sa première nuit de garde et après celles qui suivront, et surtout lorsque les rebelles déguerpiront vers d'autres cieux, les habitants lui manifesteront une considération nouvelle. Il était désormais, à leurs yeux, de la race des guerriers que rien n'arrête. Non parce que les rebelles étaient partis, quoique certains lui en attribuassent le mérite, mais parce qu'il avait affronté la nuit et ses dangers supposés à l'égal des Mohamed et d'Ali. Puis il y eut Fatima ce qui contribua à l'intégrer complètement à la communauté. Tout cela, cette estime du village et cette liberté n'empêcheront pas qu'une nuit un coup de feu retentit alors qu'il se promenait près de l'une des bergeries qui appartenait à Mohamed ben Omar, personnage irascible et père de l'une des plus jolies gamines de Béni Farès. Le tireur ne pouvait être que quelqu'un du village car les rebelles ne l'auraient pas loupé. Les plombs étaient passés largement à côté. Il avait riposté et avait tiré deux fois en direction d'où venait le coup de feu, sans blesser personne mais en réveillant tout le monde. Un coup de semonce pour le décourager de vagabonder ? Quelqu'un qui l'avait pris pour un voleur de bétail ? Pour un galant allant rejoindre une belle ? Le mystère ne fut jamais officiellement élucidé. Ali qui avait son idée resta muet et évita les questions. Sauf à l'inviter à rester désormais dans sa chambre la nuit.

16

Il avait emmené avec lui quelques bouquins ayant la guerre et la virilité comme thème, il ne lisait que ça à l'époque ; ceux de Jean Hougron et quelques autres, ceux d'Hemingway et le Sexus d'Henry Miller. Malheur ! que de divagations et de rêveries torrides sur ce Sexus ! Comment échapper à cela, à cette solitude sans femme le soir dans son gourbi. Comment échapper à ces délices de la masturbation qui avait enchanté son adolescence (Malgré la thèse en 1760 du bon docteur Tissot qui diagnostiquait et détaillait quelques-unes des maladies produites par le plaisir d'Onan, le deuxième fils de Juda) ? C'était même parfois le seul calmant qu'il eût sous la main, si on peut dire. Durant ce séjour qui s'éternisait, et semblait même se diriger droit sur l'enfer de l'oubli éternel, il lut et relut plusieurs fois ce Sexus qu'il avait emporté avec lui. À la surprise des villageois, il avait toujours l'un de ces livres sur les genoux lorsque, assis devant sa baraque, il attendait l'atterrissage d'une hypothétique escadrille d'avions ou d'hélicoptères. Et que faire d'autre à part lire ? Se tourner vers le paysage ? Il était des plus décourageants et changeait si peu. La Grand-rue ne s'animait que lors de la distribution de l'eau et lorsque les bergers sortaient ou rentraient les troupeaux. Il se demandait comment les vieux, immobiles et assis du matin au soir devant leur guitoune, les yeux fixés sur un vague point devant eux, faisaient pour ne pas perdre patience et se tirer une balle dans la tête. La maison en face de la sienne de l'autre côté de la rue et ses voisines avec leurs enclos ou leurs bergeries, leurs jardins et leurs pergolas, les maisons à sa gauche jusqu'à celle d'Ali à l'autre bout de la rue, plus loin la steppe plate parcourue de vents charriant la poussière et les montagnes tout au fond, représentaient un décor cent fois vu, cent fois détaillé jusqu'à la moindre pierre, à la plus fine branche d'arbre. Même son fan club tout attendrissant qu'il était lorsqu'il sautillait et piaillait devant lui, ne le faisait plus sourire.

Le décor changea, et surtout s'anima, lorsque les dames et demoiselles de Béni Farès, piquées par on ne sait quel virus de la curiosité, par petits groupes de trois ou quatre se mirent à rôder autour de lui. Il faut dire que, plus encore que ses déambulations nocturnes que d'aucuns jugeaient inexplicables et qui avaient d'ailleurs cessées, cette manie de lecture intriguait tout le monde. Ali, pour se faire valoir, affirmait partout qu'il était un grand savant qui lisait des livres compliqués, qui n'étaient pas le Coran, livres auxquels lui, Ali, qui parlait pourtant la langue d'Esperanza comme un professeur, ne comprenait goutte.

Mais n'allons pas trop vite, l'âme pure de notre héros secrète des inconsciences, des rêveries et des mélancolies qu'il convient d'examiner. Les deux femmes qu'il adorait et à qui il aurait pu se confier, sa mère et Regina, étaient loin et cette solitude involontaire était l'occasion de les oublier pour un temps, de prendre du recul et de peut-être couper le cordon. Puisqu'il ne pouvait leur écrire, faute de service postal, leur téléphoner faute d'antenne relais, il valait mieux rompre toutes relations avec ces êtres exquis qui n'existaient plus maintenant que dans sa mémoire sauf à devenir fou en tentant vainement de les faire ressurgir. Et même les scènes de sa vie passée, ainsi que ses goûts et ses appétits se dissolvaient lentement en une sorte de bouillasse pour faire place à cette vie nouvelle, à ses odeurs de moutons comme à ses bruits de basse-cour, à ses appels gutturaux, aux amitiés récentes acquises auprès de quelques habitants de Béni Farès, en particulier d'Ali et de ses Mohamed. S'il devait faire un choix dans ce processus d'extinction, c'était sa mère qu'il souhaitait oublier en premier. Surtout parce qu'on ne fait pas sa vie avec sa mère et la différence d'âge n'y était pour rien. Elle représentait par sa présence continuelle son apprentissage de la vie, mais le maître, ou la maîtresse en l'occurrence, était trop présente qui lui masquait totalement l'horizon, le conservant dans une sorte d'innocence au monde dans lequel rien d'autre qu'elle ne comptait ; et puis vouloir faire de lui un quelconque virtuose, même sexuel quelle blague n'en déplaise à Marie Minelli qui en connaît un rayon sur l'art d'aborder et de vivre la chose !

Regina. Il possédait une unique photo de Regina, prise au bord de la mer, sur le sable de l'une des nombreuses plages près de Constantz. En maillot de bain deux pièces, deux bouts de tissus qui ne cachaient que peu de peau, elle souriait au grand connard inconnu qui prenait la photo. Son cousin, lui avait-elle dit en lui tendant la photo. Des cousins comme celui-là, ce n'est pas ce qui manquait dans l'existence de la belle. Il en découvrait comme dans les vaudevilles jusque dans son armoire ou sous son lit. Il y en avait de magnifiques comme de laids, des noirs et des jaunes, mais ils étaient tous jeunes et toniques, tous, comme elle et lui-même l'étaient. Cette jeunesse finalement le rassurait. Regina batifolait au milieu du troupeau des cousins comme une jeune brebis en chaleur, sans plus de danger pour son avenir de femelle qu'un cocktail bu à la terrasse du célèbre bar « Chez Momo el Sénéquié » sur la place Bardot. Ce bar était le rendez-vous des jeunes branchés de Constantz, il était tenu par deux homosexuels autour desquels bourdonnaient leurs prosélytes. Cette profusion de cousins autour d'elle représentait l'un des aspects de cette qualité qu'ils avaient en commun, elle et lui : la générosité. Ils avaient été maoïstes ensemble durant six mois, puis communistes et enfin voleurs de disques -33 et 45 tours-, en lutte contre la société de consommation. Disques qu'ils offraient ensuite autour d'eux. Il l'aimait et Regina l'aimait, enfin pour tout dire il lui semblait qu'elle l'aimait. Elle disait qu'elle le trouvait rassurant.

Cette Regina est la fille d'un ami et collègue de son père, contrôleur dans les trains de nuit de la Société des Chemins de Fer Espéranzais, et comme lui d'un tempérament austère et discipliné. Elle a quelque temps habité avec ses parents à l'autre bout de Constantz, dans une ferme excentrique et écolo retapée façon « chalet savoyard », un vieux rêve du papa de Regina, c'est-à-dire apte à supporter les froids extrêmes, ce qui n'arrivait jamais dans le climat océanique et doux de la côte. Elle était équipée de toilettes sèches, d'un jacuzzi utilisant l'eau de pluie, d'un jardin bio où peu de choses ne poussaient sans engrais et de multiples éoliennes chargées de pourvoir le chalet en électricité quand il y avait du vent. Du plus loin qu'il se souvienne Regina avait toujours joué à la guérilla urbaine ou aux cow-boys avec les garçons, se refusant à être l'infirmière ou la squaw, sauf si cette dernière conduisait la diligence ou si l'infirmière dirigeait l'hôpital et les infirmiers. Elle possédait des colts et une carabine qui projetaient des billes de bois. Lorsqu'elle touchait l'un des garçons, elle l'obligeait à s'étendre et s'asseyait sur sa poitrine comme s'il s'agissait de poser devant un lion ou un tigre qu'elle venait d'abattre.

Ses prisonniers lui appartenaient en propre. Elle avait avec eux des raffinements de torture et des chatouilles qui leur faisaient regretter de s'être fait capturer. Malgré qu'elle fût toujours en jupe les garçons la respectaient au point de n'avoir jamais osé lui proposer de jouer au docteur. Ils la respectaient exactement comme les rangers de Sa Majesté la reine d'Angleterre, respectaient leurs collègues écossais en kilt en ne cherchant jamais à savoir ce qui se cachait sous le cotillon.

La photo de la jeune fille est punaisée sur le mur près de son lit. Ali, les Mohamed et les gamins morveux du fan club viennent la contempler dès qu'il a le dos tourné. Elle fait plus que les intriguer avec son minimum de tissu sur le corps et le plus grand des gamins, celui qu'il surnomme Chewing-gum, lui a demandé plusieurs fois si elle pratiquait la danse du ventre et si elle était douée pour ça. Il avait répondu qu'elle pratiquait toutes sortes de danses et que celle qui consistait à agiter son nombril en rythme était son point fort. Damien trouve des traces de doigts graisseux de plus en plus nombreuses sur le glacé de la photo. Il a beau la nettoyer, le lendemain une ou deux traces réapparaissent, souvent après qu'il se fut rendu au puits en fin de soirée. Fatima, par inadvertance jurera-t-elle, la fera tomber dans le brasero en voulant la nettoyer. Adieu beauté, danse du ventre et réminiscences. Mais déjà, grâce à Fatima, il n'avait plus besoin de cette présence sur papier glacé pour combattre sa solitude. Ce n'est pas qu'il n'aimait plus Regina, mais son souvenir qui s'effilochait ne lui était plus indispensable.

Damien se souviens de son propre père comme d'un homme empesé qui sentait cette naphtaline que sa mère fourrait partout à l'époque pour chasser les mites dont Constantz semblait être le point re ralliement. Sa mine sévère, son regard perçant et sa moustache stalinienne lui donnait, à ses yeux d'enfant, cet air inspiré que l'on prête aux grands philosophes. On pense à Nietzsche le moustachu abondant. Cet oracle, ce mystère sur jambes mourut dans un accident de chemin de fer entre Carbonari-le-haut et Al Dourad-le-vieux, Damien avait alors dix ans. À dix ans comment connaitre le cœur et l'âme d'un père qui voyageait tant ? Une impossible gageure. Il ne reste de lui que des photos, quelques-unes suffisamment intimes pour que l'on pense que dans le fond il se comportait, souffrait et pensait comme tout le monde. Sa mère, inconsolable jeune veuve, reporta son amour sur le fils unique qui promettait tant. C'est ainsi, qu'elle lui a tout appris, tout. Puis Regina vint troubler son adolescence finissante dans le but de l'exhorter à conquérir le monde avec elle.

Tout ça pour dire qu'il avait eu une vie avant d'arriver à Béni Farès mais que les souvenirs qu'il en gardait se diluaient maintenant dans le néant, comme du beurre dans une poêle chaude, poussés dehors par le désœuvrement et l'éloignement. Où allaient-ils ces souvenirs, sortaient-ils définitivement de sa mémoire ou allaient-ils se nicher dans une case « poubelle » de son cerveau ? Allaient-ils dans un « cloud », ou dans un vrai nuage quelque part dans l'azur. Une récupération qui intéresserait du monde aujourd'hui pour peu que l'on en possédât la clé. Quand ce genre de réflexion lui venait, il posait alors son livre sur ses genoux et laissait mouliner son entendement. Insensible à ce qui se passait autour de lui, il tentait surtout de retenir ses souvenirs en fuite, de leur donner une apparence cohérente comme à un cauchemar trop proche de la réalité. Mais cela devenait chaque jour un peu plus difficile n'ayant à sa disposition ni les madeleines de grand-mère ni les élixirs de Panoramix. Cette attitude faussement méditative lui donnait une aura de sagesse et l'image d'un marabout en transes qui intriguait les habitants autour de lui. Les premières à vouloir comprendre furent les femmes de Béni Farès.

Le matin, depuis quelque temps faute d'avion à ravitailler en carburant, Damien se lève de plus en plus tard. Dans les premiers jours de son arrivée, dès l'aube il commençait sa journée en mettant en route le poste de radio que la Compagnie lui avait confié, un poste fabriqué en sous-traitance par les Ghanéens et vendu par les Américains. Un appareil fort encombrant et à courte, et même très courte portée, deux ou trois kilomètres guère plus en horizontal, à condition qu'aucun obstacle matériel ne gêne la transmission, et un peu plus en direction du ciel. Un outil transportable et même portable malgré qu'il pèse ses dix kilos bon poids. Il devait lui servir à dialoguer avec les pilotes en vol avant qu'ils ne se posent. On lui avait aussi confié deux grosses piles, dont une d'avance, pour le faire fonctionner pendant le temps des opérations militaires. Mais le poste est gourmand et dévore l'électricité stockée dans ses piles avec l'ardeur d'un escargot sur sa feuille de salade. Si les ouvriers de la Compagnie ne s'étaient pas fait piquer le groupe électrogène, celui-ci grâce à son convertisseur auraient pu alimenter la radio durant un an et plus. Tant qu'il aurait eu de l'essence pour le faire fonctionner.

Donc durant la première quinzaine, dès son lever, Damien faisait scrupuleusement les essais de sa radio. Cependant, il n'avait jamais réussi à établir une liaison même balbutiante avec qui que ce soit. Même avec les rebelles. Il avait bien parfois quelques gargouillis dans les écouteurs, un semblant de langage, probablement la voix d'un fantôme exténué, un revenant de l'espace. Un Alien. Il s'amusait alors à lui lancer des messages farfelus autant pour obtenir une réponse enfin claire que pour obéir aux ordres qui voulaient que chaque matin il fît un essai en bonne et due forme de cette radio. Puis au fil des jours, la capacité des piles s'amenuisant, il lui arrivait de plus en plus souvent de négliger de faire ses essais matinaux. Il le laisse branché, malgré tout on ne sait jamais, un sursaut des piles pour trois « May Day » lancé par un avion en perdition. Mais dans l'état du matériel il vaudrait mieux que le pilote en détresse joue du tam-tam ou de la corne de brume.

Lui qui se demandait comment les vieux pouvaient passer la journée assis du matin au soir devant leur porte sans devenir neurasthéniques, on peut désormais l'observer assis, avachi plutôt, dans l'ombre d'une sorte de parasol qu'il s'est confectionné avec des montants de lit et de l'alfa. Il arrose ce parasol et le sol de temps à autre ce qui lui donne un peu de fraîcheur durant quelques minutes, le temps qu'il faut pour que l'eau s'évapore. Il guette sans trop y croire l'hypothétique coucou qui viendra lui quémander, on se demande comment, du carburant et du pain. Ah, la voix d'un collègue disant le recevoir fort cinq, clair cinq à la radio avant de donner son indicatif ! Combien il l'aura attendue ! Mais le ciel reste vide, et blanc de chaleur. Assis sur sa chaise sous son parasol, le corps affaissé comme un vieillard, l'œil perdu vers des nébuleuses aquatiques, de temps en temps il se réveille et contemple les habitants vaquer sous son nez. Il constate qu'il en vient de plus en plus. Ils lui jettent des regards curieux, amicaux ou perplexes. Le plus souvent ce sont des femmes en promenade, par deux ou trois, endimanchées sous leur haïk qui glissent sous son nez comme des voiles blanches et qui animent son bout de rue d'habitude désert. Elles n'ont jamais lu Sexus mais connaissent les ravages de l'abstinence chez l'humain masculin bien de sa personne. C'est ce qu'il devine dans leur regard malicieux. Où vont-elles comme ça de leur démarche nonchalante en faisant rouler leurs hanches, mais très légèrement, d'un air si naturel que les hommes du village semblent ne rien voir. Elles disparaissent en gloussant à un coin de mur pour réapparaître quelques minutes plus tard de derrière un autre coin de mur. La plupart sont jeunes, sveltes et fines comme ces gazelles qui galopent dans la montagne proche. Il est surpris de voir que hormis celles qui acceptaient ses hommages la nuit, il en est de nouvelles, probablement mariées, qui sont elles aussi fort jolies.

Elles marchent en se chuchotant des trucs tout en le regardant de biais avec des rires où la gaieté se mêle à l'angoisse d'être surprises à rire devant un étranger. Gentiment, quand elles croient ne pas être vues des habitants, elles relâchent leur haïk pour lui montrer des yeux bruns pétillants, des lèvres maquillées de rouge et une peau halée qui ne doit rien au fond de teint. Parfois en se réajustant elles dévoilent un corsage bien rempli ou une taille fine et des mollets divins. Il songe à des choses peu avouables en regardant ces mollets nus et ces pieds chaussés de sandales, voire d'escarpins, qui soulèvent une pincée de poussière. Il ne peut s'empêcher de bander sur son siège, sans même tenter de masquer la jolie protubérance qui tend la toile de son pantalon. Ce qu'elles remarquent et leurs yeux brillent un peu plus. Il n'est pourtant guère présentable. Son bluejean usé et raidi par la crasse, s'effiloche aux coutures et se déchire aux genoux. Quant aux boutons de la braguette, au moins un sur deux ne tiennent que par l'intuition du tailleur qui utilisa un fil d'une résistance exceptionnelle. Un jour, qui n'est pas loin, les boutons qui restent s'envoleront et alors adieu la décence. Car naturellement, dessous, il ne porte plus ses caleçons devenus immettables.

Ce manège journalier dure jusqu'à ce qu'une vieille pie échevelée, sortie d'on ne sait quel gourbi, vienne leur aboyer des insanités. Ce qui les fait fuir mollement et refermer le haïk tout en jetant des regards furibonds à l'aïeule. Le lendemain le défilé recommence. Devant son immobilité de fakir en méditation, car il ne sait comment se comporter, et Ali l'encourage à ne rien faire, il se tarit au bout de deux semaines, imperceptiblement. Qu'aurait-il dû faire pour leur plaire, engager la conversation ? Les suivre ? Leur pincer les fesses ? Épisodiquement ne viennent plus le voir que les vieilles filles et les veuves. La vieille pie a gagné. « Ce sont les femmes qui garantissent la tradition, » lui avait dit Ali en hochant la tête, comme si les hommes n'y pouvaient rien. Finalement, elles n'avaient aucun but en venant lui défiler sous le nez, elles cherchaient juste à le distraire, à le sortir de sa mélancolie et à tester leurs charmes. Cela aussi est bien féminin.

17

Régulièrement, au début de la matinée, Ali vient faire la causette avec Damien et boire un thé ou un café en sa compagnie. Il vient surtout pour savoir si, ce jour-là, il va embaucher l'un des Mohamed, ou son cousin ou le frère du cousin et les amis de son frère etc. C'est devenu comme un jeu entre eux, bien qu'Ali connaisse la réponse. Damien lui montre le ciel à peine écumeux et vierge de tout ronronnement. Même pas une fumée, un de ces filets noirs qui montent à l'horizon, vite estompé et tout aussi vite remplacé par plusieurs autres filets noirs qui indiqueraient qu'au moins un combat a commencé quelque part dans la montagne, indice d'une prochaine arrivée d'avions. Une guerre comme ça, doit-il penser, j'en fais tous les jours et de plus belles. « Car des rebelles, reconnait-il en clignant de l'œil, il y en a partout et pas que dans la montagne ».

– Tu comprends, lui dit-il un matin, le visage caché derrière les vapeurs de son thé, je peux te le dire à toi, je sais que tu garderas un secret. Il avait l'air anxieux et ses yeux sautillaient entre le sol, les montagnes et Damien. D'habitude je vends des moutons aux rebelles, même à ceux qui se cachent dans la plaine, mais depuis que tu es là ils ne viennent plus, et c'est moi qui leur ai demandé. J'espérais gagner un peu d'argent avec toi mais tu ne bouges pas, tu attends des avions qui ne viendront jamais. Et moi j'attends de l'argent pour acheter des moutons et nourrir ma famille…

– Écoute-moi, Ali, je ne peux pas embaucher des gens à ne rien faire, c'est contraire au règlement de la Compagnie. Mais quand les avions viendront je te paierai les heures au triple. En attendant tu me vends un mouton et tu feras un méchoui pour tout le monde.

– Un seul ne suffira pas, il en faut deux ou trois.

– D'accord pour trois.

Ali parait rasséréné et tape dans la main de Damien qui lui tend trois cents zozos. Marché conclut. On peut se demander, à ce moment-là, à quoi peut lui servir de garder de l'argent puisque à Béni Farès rien ne permet de le dépenser, même pas un bistrot. La réponse est on ne peut plus simple ; l'argent sert à acheter des moutons, chez celui, voisin ou famille, qui veut bien les lui vendre. Ainsi l'argent circule à l'intérieur du village et chacun le thésaurise. Une épargne indispensable, une valeur sûre qui ne tombe pas malade, mais invisible et secrète, tout le contraire des troupeaux soumis à la maladie et à l'accident. On peut même être riche en zozos et pauvre en moutons. On peut se dire aussi que certains, dont Ali, probablement envisageraient un jour de quitter le village pour s'installer ailleurs ? Damien est tout de même surpris par la confession d'Ali à propos de sa clientèle. Serait-il un allié des rebelles ? Ce dernier devine les pensées de son hôte.

– Quand les rebelles auront gagné, chuchote-t-il, je partirai pour Tenebra m'installer avec ma famille. C'est un pays qui ne demande qu'à se développer.

– Tu crois qu'ils vont gagner ?

– Bien sûr. Vous, les gens de la Compagnie et le gouvernement à Constantz êtes incapables de nous comprendre. Parce que vous avez fait des montagnes d'études, pour vous, nous sommes des sauvages, des barbares qui n'ont pas droit à la parole et si vous gagnez la guerre contre les rebelles nous serons encore plus asservis qu'aujourd'hui. C'est pour ça que dans l'arrière- pays, personne ne veut que vous gagniez. Si les rebelles gagnent et vous chassent du pays, beaucoup de ces arriérés, de ces sauvages, y compris ceux de Béni Farès, s'installeront à votre place comme fonctionnaires à Constantz ou ailleurs, à Mater ou Lupus. Dans des ports où il y a de si jolis bateaux, sur la côte où l'on gagne bien sa vie rien qu'en ouvrant le matin les portes de son restaurant sur la plage. Souvent à ne rien faire, comme toi ici ou en attendant que les dattes, les oranges et les olives tombent d'elles-mêmes dans les paniers.

– Je ne comprends pas ton idée d'asservissement.

– À Constantz, je l'ai bien vu, la liberté n'est pas la même qu'ici dans le bled, l'égalité non plus. Ici, c'est une toute petite liberté, celle de travailler du lever au coucher du soleil et une très grande égalité dans la misère. Sur la côte si tu travailles et que tu ne cherches pas à te distinguer, tu as la toute grande liberté. Et puis à Constantz par exemple, tout fonctionne bien, l'école, le train, l'hôpital. Regarde tout ce qui manque ici. Même pas un coiffeur, alors avant qu'il y ait un médecin, un dentiste et même un bar, on en a pour un siècle. Ali crache. Même ça, cracher, à Constantz ou à Mater, ça ne soulève pas la poussière comme ici, il y a du goudron là-bas.

Puis probablement mandé par la vieille pie, après son discours et après avoir fini son thé en silence il prend le ton respectueux du valet de chambre vous faisant observer que vous avez une tache suspecte sur la braguette.

– Ces jeunes filles et ces femmes qui viennent te voir, qui passent sous ton nez de plus en plus près, sont des diablesses, des démones n'est-ce pas ? Leurs frères et leurs cousins ne sont pas contents. Non, pas contents du tout. Il y a même des femmes mariées avec trois ou quatre enfants, des mères de famille, quelle honte ! Dieu les jettera dans les flammes de l'enfer ! Mais nous reconnaissons tous que tu ne fais rien pour les attirer, c'est bien.

– De quoi je me mêle. Elles sont libres de se promener où elles veulent, on est dans Esperanza non ?

– Non. Nous sommes dans un bled de bergers illettrés, des rustres attachés à des traditions moyenâgeuses, à un Dieu qui les ignore, enfermés dans un trou au fin fond de la pire des pampas. Nous ne sommes pas à Constantz, tu le sais très bien, admoneste Ali, l'index pédagogiquement levé vers le ciel. Et les traditions veulent que les femmes ne fassent pas des avances aux hommes. Je vais aussi te raconter ce qui arrive lorsqu'un sauvage comme nous épouse une fille de la ville sans l'avoir auparavant prévenue de ce qui l'attend. Un de mes cousins est venu me rejoindre à Constantz pour ramasser les fraises et les asperges. Il y a rencontré une jeune fille dont les parents tenaient une boutique de réparation de chaussures. Elle savait lire et n'était pas sotte, elle avait même un métier, secrétaire. Il l'a persuadée de se marier et ils sont venus vivre à Béni Farès. Les femmes d'ici naturellement l'ont traitée de folle et d'inconsciente. Au bout d'une année elle avait déjà un enfant, ensuite mon cousin lui en a fait un tous les ans. Au cinquième elle est morte lors de l'accouchement qui se passait très mal. Pas de médecin, pas d'hôpital mais un cimetière d'une étendue illimitée. Mon cousin est reparti avec ses gosses pour Tenebra et on n'a plus entendu parler de lui. Je sais où il est, bien sûr, mais basta ! C'est pour te dire que pour être des sauvages on est des sauvages, oui ! Et des imbéciles en plus…

Considérant le petit mât que les ouvriers de la Compagnie ont planté devant son home pour accrocher la manche à air qui donne, quand il y en a, la direction et la force du vent, mât qui lui sert surtout à étayer son parasol, Damien décide d'afficher ostensiblement la couleur, c'est le cas de le dire. Et prouver à Ali et aux autres que si l'on est à Béni Farès, on est aussi dans Esperanza, dans l'un des multiples paradis civilisés sur terre, sacrebleu ! La Compagnie aime que l'on pavoise, c'est écrit dans son Règlement ; même s'il faut enlever pour ça l'inutile manche à air. Au cours de l'inventaire de ses trésors, il avait trouvé un drapeau tout neuf qui dormait dans l'une des caisses et que pieusement, il avait laissé là où il était. C'est, se dit-il, le moment de l'exhumer en grandes pompes. Aussitôt, après avoir fait descendre la manche à air, il lève les couleurs en jouant avec la bouche la mélodie qui accompagne cette cérémonie façon piano bastringue « dang, daladangdang, dadi, daladangdang ! » Le drapeau, levé une fois pour toutes, demeurera en haut de son mât, bien après son départ. Lorsqu'il survolera une année plus tard Béni Farès, qui n'est plus alors que ruines, le drapeau d'Esperanza à triples bandes verticales orange sur fond vert épinard, à peine déchiré, sera toujours là, claquant au vent au-dessus des bouts de murs calcinés.

– Maintenant, ici c'est d'abord Esperanza ! affirme-t-il à Ali d'un ton sans réplique en montrant le drapeau.

Ali approuve silencieusement et tout le village vient voir l'étonnante flamme qui claque au vent du plateau. Drapeau qui les fait, ces Béni Fariens, aussi Espéranzais que les Maternais ou les Lupusiens. Damien à cette occasion découvre, la curiosité des foules a du bon, que le village est peuplé d'une septantaine d'habitants mâles. Dont l'habituel vieux tirailleur rescapé des guerres de la Compagnie qui se met au garde-à-vous avant de venir lui serrer la main avec chaleur. C'est un peu moins d'âmes qu'il avait estimées à partir du nombre de familles ; certains garçons doivent être dans le maquis avec les rebelles. Il l'avait déjà remarqué d'ailleurs, il y a peu de jeunes garçons adultes. Il remarque aussi ce jour-là que nombre d'hommes souffrent de la pelade, indice d'une mauvaise hygiène générale.

Les médecins, mis à part l'ami de Donald Fuck, le pasteur, ne se battent pas pour venir visiter et examiner ces villageois ou alors il faut leur faire un pont d'or. Mais aussi, comment se laver tous les jours à fond, cheveux et orteils compris, lorsque l'eau vous est comptée ? Même avec du sable comme disent les hommes pieux, c'est impossible : il n'y en a pas.

18

Dans Béni Farès la collectivité participe à tous les événements, à l'image d'une famille unie entourant et protégeant ses membres. Les mariages, les naissances, les circoncisions, les enterrements et même la maladie, tout cela est l'affaire du village tout entier. De même la santé des bêtes en général - une épizootie ici serait plus qu'une catastrophe- ainsi que la tonte, l'émasculation des agneaux, la parturition des femelles etc. Damien en conclut, car il ne pouvait s'empêcher d'imiter feu son père dans ses sentences, que le village solidaire idéal devait se situer autour d'une centaine d'habitants. La tribu, en fait ; ce qu'ont su perpétrer certaines ethnies de chasseurs-cueilleurs du côté des Papous. Béni Farès village humain idéal peut-être, mais manquant de tout, faute d'entrepreneurs capable de créer une petite industrie employant une partie des résidents ; à condition de trouver des débouchés ou être capable de rendre ses produits indispensables. Comme ces objets souvenirs dont les touristes raffolent et qui sont la laideur même. Ali aurait pu être cet entrepreneur capable de sortir le village de sa misère et de sa léthargie en s'ouvrant au monde. Celui du tourisme, pourquoi pas, pensait Damien. Mais il lui manquait d'être libre de ses mouvements dans une certaine mesure. Comme responsable du village il devait être présent, et vu l'ampleur de la tâche ne faire que ça. Et surtout il aurait fallu qu'il échappe à l'emprise des villageois, qu'il les détache de la tradition et de ses blocages. Il aurait pu ensuite passer le commandement à un autre. Mais il aimait le pouvoir et se sentait indispensable

Donc, à la fraiche et toujours quand la nuit tombe et qu'un événement collectif l'exige, les villageois se réunissent sur la placette mais à bonne distance du puits. C'est leur forum et leur amphithéâtre. Là, l'un d'eux allume un feu, préalable aux palabres qui décideront des tâches de chacun. Ils font du feu avec trois fois rien, des brindilles, de l'alfa séché, et depuis que Damien est ici, avec le carton des emballages que les chèvres n'ont pas dévoré et le bois de ses caisses qu'elles rongent dès qu'elles le peuvent. Les uns après les autres et suivant un protocole qui est propre au village, les hommes viennent s'asseoir autour du feu. Les plus âgés s'installent au plus près des tisons, puis les adultes et les plus jeunes et enfin les femmes et les enfants derrière, souvent debout. On traite évidemment de ce pourquoi on est là et la discussion conduite le plus souvent par Ali, est rondement menée. Et les décisions sont prises.

Puis après trois ou quatre passes d'armes verbales à base de questions-réponses, genre : « Toi qui a vu un revenant, raconte » ou « As-tu croisé des djinns quand enfant tu as suivi une caravane ? » C'est une sorte d'échauffement entre plusieurs conteurs. L'un d'eux apostrophé de la sorte débute une histoire en patois local que tous écoutent en respirant à peine. Souvent le conte est ainsi lancé : « Du temps du père de mon père... » Au bout d'un certain temps et pour une raison inconnue, le conteur s'arrête et passe la parole à un autre qui embraye sans à-coup en poursuivant le fil de l'histoire là où elle s'est arrêtée mais en apportant sa propre version, ce qui empêche de tomber dans l'ennuie. On écoute en silence, parfois on rit, quelquefois les femmes manifestent joie ou réprobation par des youyous stridents. Damien écoute de loin, assis devant sa porte sans rien comprendre, avant d'aller se coucher vers minuit après tout le monde, c'est à dire lorsque le feu s'éteint et quand le dernier conteur s'est tu. Il a quand même le sentiment d'avoir participé à sa manière à la fête en fournissant le combustible. Souvent la lune joue les lampadaires et éclaire la Grand-rue quand chacun regagne sa cagna en jacassant. Mais sans oublier de saluer Damien, même de loin. Dans ces instants il se sent Béni Farien, presque totalement.

Ali l'invite lors d'une soirée prévue pour organiser la castration des jeunes béliers. Première invitation après l'épisode du drapeau, comme une sorte de reconnaissance officielle de sa qualité de chef du camp d'aviation. En murmurant près de son oreille, et en suivant le conteur, il lui traduit les incroyables prouesses des djinns, génies et démons qui sévissent dans les plaines désertiques. Aventures auxquelles les villageois croient dur comme fer. Ces êtres mystérieux, les djinns, prévient Ali, peuvent revêtir n'importe quelle forme, femme, bête ou même étoile. Ils parcourent le plateau des chèvres, racontent les conteurs et s'amusent à égarer les voyageurs en effaçant les traces de la précédente caravane parfois en déplaçant les puits et les repères. On comprend, en les écoutants, que Saint–Exupéry n'a pas eu à chercher bien loin son petit Prince, son renard et sa rose. Pour Ali, Saint-Ex a rencontré des djinns, il n'y a pas de doute.

– Croire au surnaturel, à l'improbable, est dans nos gènes, assure-t-il. C'est pour ça que nous sommes si souvent détroussés lorsque nous nous déplaçons. Il suffit qu'une histoire soit merveilleuse, comme celle de la lampe d'Aladin par exemple, pour que nous perdions tout sens commun. Une raison de plus pour ne pas nous éloigner du village… Pendant longtemps, les caravanes ont colporté ces contes à travers le pays. Certaines routes passaient près de Béni Farès. Quand le père de mon père était enfant, c'étaient des centaines de dromadaires chargés de sel, d'or et parfois d'esclaves qui venaient s'y ravitailler en eau et en moutons. Puis avec le temps et le progrès, le trafic s'est grandement ralenti. Depuis que c'est la guerre avec Tenebra, les caravanes ne passent plus du tout ni près de Béni Farès, ni ailleurs. Ce sont des camions, escortés par des blindés qui soulèvent des tombereaux de poussière, qui maintenant transportent l'essentiel sur une nouvelle route au pied des montagnes à des dizaines de kilomètres du village. Naturellement, ils oublient de s'arrêter, même pour prendre de l'eau.

On sent les habitants, et Ali en particulier, irrités par ce manque de savoir-vivre. Ali et les autres, aimeraient leur vendre un ou deux agneaux. Mais c'est impossible, les chauffeurs sont pressés et ne tournent même pas les yeux vers Béni Farés. Les caravaniers, ceux de l'ancien temps, raconte un conteur à l'occasion du méchoui offert par Damien, parfois prenaient femmes durant le voyage, dans l'un des villages. Puis, pour des raisons inconnues les abandonnaient dans le village suivant. Ce qui était source de chagrin pour tout le monde. Et quelques auditrices y vont de leurs lamentations qui s'adressent autant aux femmes abandonnées qu'à celles qui en profitaient pour déguerpir et quitter la caravane à la première occasion. Les caravaniers étaient des gens rusés et pas toujours très honnêtes, commente alors Ali à voix basse en hochant la tête et en lançant des regards furieux vers les femmes.

Comme si tout ça, le chagrin du village, la honte de la famille et la malhonnêteté des caravaniers, étaient leur faute.

– Les femmes sont toujours inspirées par le démon, confie-t-il en catimini. Elles peuvent te pousser à faire des bêtises sans que tu t'en rendes compte... Mais comment faire des enfants sans elles ? Et qui tiendrait la maison ?

– Et le bonheur Ali, qui te le procurera ?

– ???

Inspiré probablement par un recyclage éventuel lorsqu'il sera à Tenebra, ou ailleurs, Ali demande à Damien de lui apprendre à conduire. Il compte devenir chauffeur de taxi ou de camion après que les rebelles auront gagné le droit d'être ministres et députés d'Esperanza. Et après avoir haché menu les gars de la Compagnie et les fonctionnaires du gouvernement, cela va de soi. Comment apprendre lorsque on ne dispose pas d'un véhicule ? En faisant semblant, c'est le principe du simulateur. Deux chaises côte à côte et voilà l'auto. Sous l'œil d'abord ébahi puis rigolard des Mohamed qui se sont assis devant l'auto, preuve que leur imagination ne va pas au-delà du réel, Ali exécute les manœuvres que lui commande Damien.

– Tourne à gauche... T'as oublié de mettre ton clignotant !

Ali ronchonne une vague excuse et tourne un volant fictif après avoir cherché la commande de clignotant.

– La commande elle est à droite ou à gauche ?

– Ça dépend des autos. Celle-ci est à gauche. Tu débraies trop sec, tu vas caler...

Ali est bien coordonné et au bout de plusieurs leçons, qui ont attiré de plus en plus de monde, il fait de subtiles manœuvres, garage en créneau compris, en imitant le bruit du moteur même en montant les vitesses. Damien, lorsque son élève oublie de débrayer, s'empresse de faire le plus bruyamment possible, le craquement sinistre que tout le monde connaît. Ce qui soulève une tempête de rire dans l'assemblée. Le comble du comique fut atteint lorsque les Mohamed installèrent des sièges derrière les chaises de Damien et d'Ali. Ce fut donc en autobus qu'une petite partie de Béni Farès se déplaça virtuellement dans la campagne. Damien expliquant au passage le paysage bucolique, les bois et les prés sur la route de Babalou, qu'ils étaient censés longer. Nanti du premier permis de conduire virtuel de Béni Farès, qui lui fut remis en grandes pompes au pied du mât des couleurs, Ali s'empressa ensuite d'instruire les Mohamed. Ce qui n'alla pas sans coups de bâtons lorsque l'élève se montrait inattentif ou négligent.

– Une auto, ça coûte cher ! hurlait Ali.

Emporté par son premier succès Ali se mit en tête d'apprendre à piloter un avion. Mais allez donc expliquer les mystères du plus lourd que l'air à des gens qui sont persuadés que la taille des avions diminue au fur et à mesure qu'ils prennent de l'altitude. Ce qui expliquerait, disent les Mohamed, qu'ils partent en vrille dans les courants d'air (?). Sans parler du couple de l'hélice, de la température d'arrêt isentropique, du décrochage et autres calembredaines aéronautiques. En outre le pilotage se bornant le plus souvent au suivi d'une route aérienne calculée à partir d'une carte, les longues séances d'immobilité imposées à un Ali supposé tenir le cap aux instruments, la main crispée sur un morceau de bois simulant le manche, le rendaient fou furieux. Damien le distrayait en lui évoquant le bleu du ciel et celui de la mer, si identiques lorsque l'on sort des nuages. Bleus qui ont tant piégé les pilotes un peu perdus qui ne se fiant plus à leurs instruments, se mettaient en vol sur le dos et piquaient vers la mer croyant prendre de l'altitude. Ou encore ces pilotes, dont on retrouvait les restes à trois mètres de profondeur, lesquels oubliant l'inertie de leur machine et du carburant, redressaient trop tard à la sortie d'un piqué... Ces sinistres évocations eurent pour effet de guérir Ali de son envie de voler. Peut-être pas définitivement car Damien le retrouvera plus tard à Constantz, sur l'aérodrome en train de regarder décoller et atterrir les avions de la Compagnie avec des lueurs d'envies dans le regard.

Le jour où les jeunes femmes du village ne se promenèrent plus qu'épisodiquement devant Damien, celui-ci eut un sursaut de volonté et écrivit une longue lettre à Regina. Au moins pour continuer à rêver à propos d'une femme ou même plus simplement sur l'image d'une femme, c'est-à-dire sur sa photo en maillot de bain au-dessus de son lit. Sans cette photo et ses efforts pour conserver son souvenir, elle serait devenue, à l'image de sa propre mère, une femme désincarnée et floue dont il fallait peiner pour rassembler les morceaux. Certes Regina se conduisait avec lui comme une étrangère, au mieux le plus souvent comme une sœur, rarement comme sa maîtresse, ce qu'elle était pourtant. Cela s'était passé chez elle, suivant sa propre volonté, « pour s'en débarrasser » avait-elle dit. Elle parlait d'une virginité qu'elle trouvait encombrante et peu digne de ses seize ans. Grâce aux cours des amies de maman, Regina avait applaudi à la prestation de son promis et ensuite, eh bien, ensuite grâce aux divers cousins, il avait été cocu.

Mais, quand il le lui reprochait, elle lui rétorquait qu'ils n'étaient pas mariés, cependant, ajoutait-elle, ils se marieront un jour s'il est patient. Et pas trop regardant sur les qualités intrinsèques de la demoiselle. Patient, il l'était plus qu'un autre. Après l'acte d'amour, disait-il aux dames bien sous tous rapports, invitées de petite maman, il préférait une femme qui fume à une femme qui pose des questions. Et elle, Regina, n'en posait jamais. On pourrait s'étonner du manque d'ambition amoureuse de Damien pour être allé chercher son amour éternel parmi ses copines d'enfance. Mais pourquoi s'esquinter le tempérament à dégotter de jolies filles dans des quartiers ou des villes lointaines, alors que l'on peut avoir la même chose sous la main et à peu de frais ? De toute façon, en terme général il manquait d'ambition, par manque de volonté sans doute mais surtout par flemme.

Tout se sait dans un quartier très peuplé de commères comme Babalou et les frasques de Regina adulte occupaient les langues depuis ses premières règles. On exagère beaucoup chez les commères, un simple baiser dans le pré derrière les haies ou dans une auto sur un parking se transforme vite en partouze pour peu que la pipelette ait de l'imagination. Comme la boulangère qui voit dans Blanche-neige une gourgandine qui fait des folies avec les nains. Entre l'épicière qui voit tout, la bouchère qui sait tout et la boulangère qui imagine tout, le sort de n'importe quelle fille de Babalou, un tant soit peu volage est vite fixé. Une mentalité qu'approuverait, sans aucun doute, la vieille pie de Béni Farès.

Regina est une belle plante il faut le reconnaître et la photo en témoigne : cheveux blonds longs et épais, poitrine guère plus importante qu'un demi-pamplemousse mais ferme et admirablement dessinée, hanches marquées mais sans plus, longues jambes et fesses rondes, bouche charnue faite pour embrasser, ce qu'elle fait divinement. Avec, ses yeux coquins qui rient tout le temps, c'est une fille très nature et d'un commerce facile. On peut juste lui reprocher de coucher avec le premier cousin venu et au premier appel, sur un simple clignement de paupière, dit-on chez les commères. Dans cette matière il n'y a pas de recette ni de guide et un clignement de paupière vaut bien un bouquet de fleurs. Est-ce que c'est comme ça à Béni Farès : un clignement de paupière ? On peut supposer que oui, bien qu'Ali sur le sexe et la manière de s'en servir soit pudique comme un séminariste. C'est par le secret finalement qui entoure ses vices que l'on évite l'intrusion de toutes les vieilles pies de la terre.

Quand Damien l'avait interrogé, façon ethnologue distingué, il s'était dérobé. « On fait ça comme partout ailleurs », avait-il bougonné. Pourtant un jour, avec beaucoup d'amertume dans la voix, il avoua que même à Béni Farès on ne trouvait plus de vierges certifiées à cent pour cent avant le mariage. Même si l'endroit est aussi romantique que la prison d'Alcatraz et aussi dépourvu de cachettes que l'océan, les amoureux parvenaient toujours à échapper à la surveillance des commères.

– Peut-être se cachent-ils dans le marabout quand le vieux Mohamed n'y fait pas la sieste ? ajoute-t-il. Ou dans les bergeries ? Peut-être la nuit quand tout le monde dort, Inch Allah !

19

Revenons à Regina. Et pardonnons-lui ses infidélités et son peu de retenue car aujourd'hui le cul est partout, même pour vanter les mérites de l'huile d'olive. (Il y a un lien me susurre-t-on entre l'huile et le reste.) Ainsi que ce fut dit plus haut, Regina et Damien ont de nombreux points communs mais aussi de nombreuses différences. Ils se connaissent et se fréquentent de longue date. Ils sont devenus presque voisins quand les parents de Regina après avoir vendu leur ferme, le fameux « Chalet savoyard », sont venus s'installer à Babalou. Ensuite les enfants ont fait leur première communion ensemble. Outre leurs idéologies communes, ils prétendent vouloir l'un et l'autre changer le monde. Ça c'est le positif. Le négatif c'est qu'elle n'a pas les pieds sur terre, ce qui est bien embêtant pour une future épouse ou même pour une future femme politique. Alors qu'ils venaient d'obtenir leur diplôme de fin d'étude, elle exigea qu'ils aillent tous les deux se battre en Corée du Nord aux côtés des communistes de Kim il Song et contre le reste du monde. Il s'agissait, pour assouvir les obsessions d'un monde laqué et sans défauts promu par quelques intellectuels d'Esperanza plutôt bas de plafond, de chasser les ignobles ploutocrates qui dirigeaient la Corée du Nord. Cette fois-là, Damien a refusé. « Les ploutocrates sont des gens plutôt sympas, a-t-il argumenté et il n'y a pas de raison de les délester de leurs mines d'or au profit de gens qui ne sauraient qu'en faire. Il citait alors les paroles d'un philosophe français qui disait en parlant des communistes : « Donnez-leur le Sahara à gérer et au bout de cinq ans ils seront obligés d'acheter du sable ». Elle est partie quand même et, un an plus tard elle revenait à Babalou.

En fait, elle n'avait pas quitté le port espéranzais de Mater et y avait mené « une vie de bâton de chaise », comme avait dit Maman avec une lueur étrange dans le regard. Pas découragée pour autant Regina, avant de tenter de gagner de nouveau la Corée du Nord, a monté une association dite « révolutionnaire » chargée de collecter des fonds pour aider les rebelles de Tenebra à envahir Esperanza, alors que Damien a choisi d'aller leur casser la figure. Mais c'est une belle âme, généreuse, bien nette et bien droite, pense-t-il aujourd'hui, il n'y a pas de doute, par rapport à la mienne qui est toute bossue, étriquée, puante et mal foutue. Mais enfin, par les temps qui courent une belle âme ça ne sert pas à grand-chose. J'en veux pour exemple ce parti pris d'aider des gens « qui veulent changer le monde ». Et comment comptent-ils s'y prendre, à part vider l'ancien monde par des massacres ? Ceux de Tenebra par exemple, feront les pires misères aux espéranzais s'ils viennent à gagner la guerre. Même à elle et à ses associés ils feront les pires affronts. Les cas de perfidie et de coups de couteau dans le dos entre des nations que l'on croyait d'indéfectibles amies ne manquent pas, alors pensez, la parole donnée à une association…

Aujourd'hui Damien et Regina font semblant d'ignorer leurs divergences et se cramponnent, comme des alpinistes à leur piolet, à ce qu'ils ont en commun de plus basique : le sexe. Aux dernières nouvelles, ils se marieront quand même, au plus tôt après la fin de la guerre avec Tenebra. Dans les médias on emploie le mot guerre, même si la Compagnie qui a peur des mots parle, elle, d'opérations de police. Une guerre fait entrer les jeunes gens dans le monde des adultes, même si elle se transforme en boucherie. Mais pas une opération de police, juste bonne pour conduire les voyous devant un juge. Les adultes d'Esperanza ont connu, pour les plus vieux, les chibanis comme on les appelle, au moins deux ou trois de ces guerres ravageuses. Sans compter les « interventions en armes » pour ramener le calme chez quelques excités pays voisins. « J'ai fait la guerre moi monsieur ! » disent les chibanis. Faire, faire, c'est plutôt les plus fortunés, ceux qui meurent dans leur lit, qui la « font », les autres sur le champ de bataille la subissent. Mais je m'égare.

Voici la lettre de Damien telle qu'elle nous est parvenue par des chemins si tordus qu'il est difficile d'en recenser le nombre et les détours. Froissée, tachée de café et d'immondes choses grasses multicolores, devenue presque illisible en raison d'une encre affadie par le soleil, il a fallu trois mois de travail à madame Irma, professeur de graphologie et pharmacienne, pour la déchiffrer avant de la verser comme pièce à conviction lors du procès de notre héros. Chef d'œuvre d'humanité et d'amour cette lettre devrait être lue dans tous les lycées d'Esperanza au même titre que la lettre de Guy Moquet. Lequel était un chaud lapin tout autant qu'un autre, ou au moins autant que le révérend père Dupanloup.

« Regina mon adorée. Malgré ma jeunesse, je commande une base militaire à Béni Farès en plein cœur du plateau Couillard dit aussi plateau « Des Chèvres », en bordure côté sud des montagnes Pelu et à vingt minutes à vol d'oiseau des rebelles (Tes potes désargentés). La population du village, on dit mechta dans le patois d'ici, est sympa quoique méfiante. Je ne te propose pas de venir visiter car le bled est desservi seulement par les fantômes des caravaniers de jadis et il n'y a même pas de route pour y arriver. Je suis le seul chrétien parmi des musulmans, c'est dire si mon commandement est obligatoirement souple et participatif. Ainsi, je ne peux déranger mes hôtes dans leurs occupations pour un oui ou pour un non, par exemple pour organiser des cérémonies de type militaire avec défilé et « présentez-armes ! ». Je suis tout de même autorisé à en embaucher autant que je veux et quand je le veux mais uniquement dans la cadre de ma mission. Tous sont gardiens de moutons et de chèvres, un métier qui leur laisse des loisirs et la possibilité de gagner quelques zozos avec moi.

Ici, les femmes soignent les enfants, elles ont une si nombreuse progéniture qu'elles feraient passer le prix Cognacq pour une prime aux débutantes. Elles préparent la nourriture pour la famille, cultivent le potager, forcément bio. Elles entretiennent aussi la hutte familiale et tissent des tapis et des couvertures solidaires jusqu'à fort tard dans la nuit, éclairées par des lampes à huile ou à la graisse de mouton. Car ici l'industrie locale est une affaire de femmes. Ce sont elles aussi qui surveillent la consommation de l'eau du puits, tondent les moutons et filent la laine. Bref elles vivent, en maugréant et en gémissant contre leur sort et contre cette vie bucolique et pastorale dont tu rêves avec tes cousins écolos. Si je te parle de cette vie pastorale, bien que ce soit le bout du monde comme je l'ai écrit plus haut, c'est qu'ici tu serais philosophiquement et idéologiquement à ton aise.

J'ai acheté trois petits tapis pour toi que je ramènerai à Babalou. Il faut faire marcher le commerce même si ces tapis puent le suint de mouton et surtout l'urine qui sert à stabiliser les couleurs, autant que la fosse aux ours du zoo de Constantz ou que les vespasiennes du port de Mater. Quand ils ne sont pas avec leurs bestiaux dans les champs les hommes occupent leurs loisirs à rêvasser en regardant le ciel ou le sol entre leurs jambes. Ou encore ils bavardent à l'ombre des pergolas -que l'on croirait dessinées et construites par des architectes internationaux de renom tant elles sont de guingois-, en buvant du thé et en fumant la pipe à eau. J'ai essayé de faire comme eux avec mon copain Ali, pas de problème pour le thé, mais la pipe à eau, malgré que je sois fumeur, te déchire la luette et t'explose les poumons. Je ne sais pas ce qu'ils mettent dedans mais cela ne ressemble pas à du tabac de virginie, peut-être fument-ils de la laine de mouton ou du poil de chèvre mélangé à de l'alfa. Après deux ou trois essais j'y ai renoncé. De quoi parlent-ils ces hommes ? J'ai mis un bout de temps à comprendre mais Ali m'a aidé. Ils parlent essentiellement de leurs ancêtres, mariages, naissances et trépas, car leurs aïeux sont de toutes les conversations. Cela leur permet de savoir qui est le cousin de qui et, somme toute qui est l'allié de qui.

J'ai quand même, dans ce village agréable et tranquille, un pistolet pour me défendre que je garde toujours à portée de la main, on ne sait jamais. Un mot de travers et c'est tout de suite le carnage parce qu'ils vivent quasiment le fusil de chasse à la main. Je dis cela mais tu ne dois pas t'inquiéter, quoique tu ne sois pas du genre à te faire du mouron pour les broutilles qui me concernent. J'ai aussi un poste de radio pour converser avec les avions de la Compagnie. Seulement le poste radio ne porte pas loin, quelques centaines de mètres et les piles qui l'accompagnent ne sont pas de première jeunesse aussi je le ménage. Tu penses bien que si c'était un poste de qualité, j'aurais tenté de t'appeler. Quand je le mets en route, je n'ai que des crachotis dans le haut-parleur. De toute façon je n'ai pas encore eu d'avion désirant se poser sur ma piste. J'ai beau me démener je ne parviens jamais à joindre quelqu'un en l'air ou à terre. Alors, pour m'amuser, sachant que je ne gênerai personne, je joue à « Ici Londres, les Français parlent aux Français » car à ce que l'on raconte, il n'y avait guère à l'époque de Français qui écoutaient radio-Londres. J'envoie donc des messages amusants dans le néant, du genre « La marquise est sortie à cinq heures » ou « Le rat dort dans son fromage » ... J'ignore si malgré tout quelqu'un les écoute mais si c'est le cas il doit bien se marrer. Moi aussi je me marre. À moins qu'il n'imagine écouter un Résistant de la dernière guerre, un gars perdu dans la brousse, comme ces soldats japonais qu'on a retrouvé dans les forêts d'Indonésie complètement frapadingues vingt ans après l'armistice. Quoiqu'ici il n'y ait pas de brousse, mais c'est pour dire…

Pour être sincère, je suis content d'être là, à Béni Farès, car j'ai mis le paquet pour avoir ce commandement. Par trois fois j'ai déposé ma demande aux pieds de mon chef. À propos du poste de radio et de mon pistolet, le gars qui me les a confiés m'a dit que je finirais à Biribi si on me les piquait. Toi qui es savante, ma Regina d'amour, regarde où se trouve ce bled et décris-moi l'endroit dans ta prochaine lettre. On ne sait jamais… Aujourd'hui j'ai composé un poème pour toi inspiré d'une chanson conne que l'on entendait partout quand je fréquentais encore les boites de nuit avec mes copains. À Béni Farès, tu dois bien t'en douter il n'y a pas de poste de télé comme celui qui, chez ta mère, occupe la moitié du salon, et même si on en avait un nous serions trop loin des émetteurs et du premier poteau électrique. Voilà la chanson : « Avec touha Reginaaa/ Je ferais n'importe quouah/ En enfer / Ta ga da (bis) / Ou sur terre/ Ta ga da (bis)/ Des baisers sur tes nénés/ Et partout où c'est mouillé/ Avec touah Reginaaa / Ta ga da (bis) ! » J'écrirai la suite plus tard. Comme il faut le chanter, je le ferai enregistrer dès que possible avec un orchestre pour m'accompagner, il n'y a pas de raison.

Une dernière chose envoie-moi des graines de fleurs, il n'y en a pas une seule autour de moi. Les gens d'ici n'y pensent pas ou n'aiment pas les fleurs et je me demande où Saint–Exupéry a pu voir une rose dans ce genre de désert, pour le Petit Prince et le renard je sais que c'est une entourloupe des djinns. Je t'embrasse. Ton Damien qui t'aime.

PS : Je ne sais pas si cette lettre partira car je n'ai encore vu personne dans le village qui s'occupe du courrier. »

En fait Damien a gardé la lettre longtemps sous les yeux. Quand elle est devenue toute jaune, tachée de café et de sueur il l'a froissée puis jetée dans un coin de la pièce déjà bien encombrée par les moutons de poussière, les vieilles hardes, des paquets de boue séchée et des dizaines de boîtes de conserves vides. La redécouvrant plusieurs semaines plus tard et la relisant Damien s'est rendu compte qu'à ce moment-là son cerveau partait carrément en vrille ; l'effet de la solitude ou autre chose. Même s'il n'a jamais été bien net dans ses raisonnements et son comportement, il ne s'en était jamais rendu compte comme ce jour-là. Il faut écrire ce que l'on pense, comme ça vient, pour s'apercevoir après coup, et à la relecture, que ça ne tourne pas rond sous la casquette de l'écrivain.

Hi hi ! Gnaf gnaf ! Ouh ! Ouh !

20

Personne ne ramasse le courrier à Béni Farès, c'est un fait. Il y a pourtant quelqu'un, d'après Damien, qui semble s'en occuper. Mais ce facteur d'un genre spécial oublie d'annoncer le jour de sa visite dans le village, ce qui fait que l'on ne sait jamais quand il va passer et si, des fois il n'est pas venu sans qu'on le remarque. Parfois il s'arrête, souvent la nuit et au bout de la rue, vers chez Ali, juché sur un dromadaire ou un âne. Parfois c'est à l'aube et dans une auto. Avec l'auto, il reste quelques minutes sur la place près du puits puis il disparait comme il est venu, emporté par le vent, pourrait-on dire. Damien affirme l'avoir entrevu plusieurs fois. Une fois il s'en souvient bien, c'était un homme blanc avec des cheveux blonds, un foulard noir autour du cou et une grande cape rouge et blanche de spahi, une autre fois c'était un indigène enturbanné et en smoking. Les uns et les autres, et les Mohamed en particulier, quand ils aperçoivent le facteur lui font, c'est Damien qui l'affirme, un petit signe discret et aimable en le priant d'attendre une peu pour qu'ils aient le temps de prévenir notre héros. Hélas ! Ou bien il n'a pas encore écrit l'adresse de Regina sur l'enveloppe ou bien il n'a pas encore collé de timbre. Alors le facteur repart sans la lettre pour disparaitre en direction des montagnes Pelu au grand dam des Mohamed. C'est comme ça que la lettre pour Regina est restée sur la table à se tacher de café et d'huile de boîtes de sardines.

Ali pour sa part affirme qu'il a des hallucinations, qu'il rêve, qu'il n'y a jamais eu de facteur et qu'il devrait arrêter de boire l'eau-de-vie frelatée fournie par la Compagnie. C'est une saloperie issue de la distillation d'un seau de vin aigre mélangé à des tonnes de rutabagas ou de chardons. Une cochonnerie de 45 degrés alcool que l'on trouve dans les rations de combat, à l'intérieur de petites bouteilles pas plus grandes que des flacons de parfum. C'est vrai qu'il en a une réserve importante. Il en découvre tous les jours cachées dans des endroits les plus improbables, comme celles, une pleine caissette, trouvées contre un mur, derrière les bidons de carburant. Quand il a le cafard, et c'est souvent, il boit quatre ou cinq bouteilles d'affilée. Elle est dégueulasse cette gnole, c'est vrai, elle a un arrière-goût de bois pourri et de purin comme si elle avait été stockée dans une citerne destinée au lisier des cochons. Elle est juste bonne à désinfecter les chiottes et encore, soutient Ali. Pourtant Damien se refuse à la jeter, ce serait déprécier le boulot des distillateurs de Constantz qui se sont donné tant de mal pour fabriquer ce produit gastronomique ! Et puis, quand il pense qu'il va passer le reste de ses jours à Béni Farès, loin de la civilisation, de la plage et même loin de Regina et de Maman, la gnole le tranquillise, l'endort ou lui fait espérer en des jours meilleurs.

Revenons au poste de radio. L'objet est resté dans sa caisse au bord de la piste durant les trois premiers jours suivant l'arrivée de Damien. Celui-ci l'avait oublié, perturbé par son installation et ses difficultés ménagères. Il se souvient de l'avoir chargé dans le Ronfleur mais pas de l'avoir déchargé. C'est probablement le gros chauffeur qui pressé de partir l'a balancé hors de l'avion pendant qu'il posait le pied sur ce bout de planète inhospitalier. C'est Ali qui a envoyé ses hommes le récupérer. Il ne voulait pas que cet inestimable matériel tombe aux mains des rebelles, et surtout qu'ils se déplacent pour venir le prendre.

Ali jouit d'une incontestable autorité dans le village et certainement hors du village, reste à savoir jusqu'où va son autorité. Comme on l'a vu, tous ses acolytes s'appellent Mohamed, ainsi que presque tous les hommes du village, ce qui simplifie les rapports et les discussions. « Tu n'as pas vu Mohamed ? » « Si, justement il est avec Mohamed, et ils sont en train de ramasser des ognons (ou des poivrons ou de cueillir des figues) ». Il n'est pas question de s'affranchir d'Ali, Damien par bonheur l'a compris rapidement, après un ou deux temps d'hésitation et quelques erreurs de protocole. S'il l'avait ignoré, ou rejeté, ou encore n'en avait fait qu'à sa tête, probable qu'il serait mort aujourd'hui. Comme on l'a certainement remarqué à la lecture des chapitres précédents, cet Ali est un brave homme, amical, serviable et arrangeant. C'est probablement aussi un rebelle ou un sympathisant, mais ça ne fait rien, il est du côté du manche tant qu'on ne lui tourne pas le dos avec de mauvaises intentions en tête. Pour avoir la paix, tout le monde dans l'arrière-pays mène un double ou un triple jeu avec les autorités d'Esperanza et les rebelles.

Ce qu'il craint par- dessus tout, il l'a avoué à Damien, ce sont les jeunes des banlieues de Constantz comme des autres grandes villes de la côte. Ils ont été armés par la Compagnie parce que, prétend-on, ils doivent pouvoir se défendre contre les sympathisants des rebelles désireux de vendre du hash à leur place et former des milices de citoyens pour le cas où quelques idiots de Ténébrais en armes arriveraient jusqu'à leurs belles citées. C'est plutôt l'inverse qui se produit et ces jeunes gens se livrent, grâce à la menace de leurs armes, à toutes sortes de trafics malhonnêtes. Car, dit Ali, ils ne comprennent rien à rien et n'aime rien d'autre que tuer leurs semblables. Il dit aussi que pour les plus naïfs, ceux qui s'engagent dans la milice pour protéger leurs compatriotes, les méthodes brutales de ces voyous leur fait faire des sottises dont ils se repentent ensuite. C'est ainsi qu'un de ses cousins fut conduit direct dans la cellule 177 du Fort-prison de Mater pour avoir incendié une synagogue après avoir scalpé le rabbin. Donc Ali avait fait déposer le poste de radio dans la baraque du chef du Camp d'aviation. Il aurait pu le fourguer aux rebelles et envoyer Damien par la même occasion à Biribi ou pire encore, au bagne sur la rivière Rose. S'il ne l'a pas fait, lui avouera-t-il plus tard, c'est que les rebelles sont mieux équipés. Du matériel russe ou chinois dernier cri. Pour les armes, les rebelles utilisent les mêmes que la Compagnie, c'est plus commode pour s'approvisionner en cartouches.

Au bout de deux mois passés ensemble, à ne pas se quitter sur un espace à peine plus grand qu'un terrain de foot Damien s'est persuadé qu'Ali l'aimait bien. Cela se voit à des détails, un panier de légume à moitié prix, un melon au prix de gros au marché aux melons de Constantz, un conseil presque gratuit qui témoigne de l'affection qu'il porte au jeune homme. Ce qui fait venir une larme à Damien bouleversé par tant de générosité... Ali n'est cependant pas toujours facile à comprendre et moins encore à deviner. Pour tout arranger il a parfois des tournures de phrases bien à lui et semble offensé par la rigueur des horloges. Depuis quelque temps Damien lui aussi n'attache guère d'importance à la précision horlogère et même parfois parle comme les Mohamed, avec leur accent et la déformation qu'ils donnent aux mots et aux tournures : « Ti dira à li director Michon al Compagnie, là-bas, qu'il nous foute bien fort la paix, merci. »

Toujours à propos d'Ali, Damien croyait qu'il était resté six mois à Constantz, en réalité c'est six ans qu'il y a passé. D'abord quatre ans comme élève dans une école d'agriculture puis deux ans à ramasser des tomates, des fraises et des asperges dans les fermes autour de la ville. Il ramassait des fraises et des asperges de sept heures le matin à cinq heures le soir. La vie de château. Son rêve aurait été de s'acheter une ferme près de la côte mais, à la demande de son père, il est revenu à Béni Farès, il y a onze ans, pour se marier. Puis dans la foulée le père est décédé et il a hérité de ses biens et de son troupeau de moutons et de chèvres. Il est riche, car en plus des moutons et des chèvres, il possède deux femmes, ce qui est la moindre des choses quand on est riche, un âne gris et un dromadaire isabelle. « C'est comme si j'ai chez moi un bordel, une camionnette et un camion » dit-il fièrement. C'est sur le dos de l'âne que le poste de radio a quitté le bord de piste, parait-il. Il a un demi -frère aîné qui comme lui est parti de Béni Farés. C'était pour continuer ses études à Mater. Il est devenu pharmacien et s'est marié avec une fille riche et de bonne famille. Ali en est très fier bien que ce demi-frère ne donne jamais de ses nouvelles. Une sœur également, il y a longtemps, a quitté Béni Farés -privilège de la fille du chef du village d'alors- pour la côte mais personne ne sait ce qu'elle est devenue et sa famille ne parle jamais d'elle.

Les chardons et l'alfa ont recommencé à envahir la piste d'atterrissage, et en tant que chef du camp d'aviation, Damien a autorisé Ali et les villageois à y faire paître leurs troupeaux. « Si tu ne surveilles pas la nature, affirme Ali, dès que tu lui tournes le dos, elle en profite pour tout bouffer ». C'est un peu ce que l'on disait naguère des habitants de Tenebra : « Si tu ne surveilles pas la frontière, t'es foutu. Ces gens sont pires que les fourmis carnivores d'Argentine. ». On a vu le résultat à la première faute d'inattention. Les Ténébrais n'ayant plus assez de place pour vivre, ils se tournent vers le pays voisin, affirme Ali qui les absous volontiers. Les Mohamed doivent beaucoup à Ali. L'un de l'argent pour pouvoir se marier, l'autre des moutons car les siens ont eu une maladie mortelle, le troisième s'est marié avec l'aînée de ses filles, le quatrième est un cousin, un autre est l'oncle de sa femme principale, etc. Pour le restant des hommes du village Damien ne sait rien mais Ali les tient certainement d'une façon ou d'une autre.

Les nombreux enfants d'Ali, ainsi que leurs copains et copines viennent souvent voir Damien dans sa « tente », comme ils disent. Ils sont une quinzaine de gosses qui feuillettent ses livres et contemplent les pages sans rien comprendre. Mais ils feuillettent comme s'ils savaient lire. Avant les opérations contre les rebelles, un autobus ramassait les gosses et les emmenait à plus de trente kilomètres, pour qu'ils s'instruisent. On y avait construit une école isolée sur le plateau et plantée là comme une borne, loin de tout. Elle regroupait les gosses des villages environnants. L'autobus a été attaqué par les voyous de Tenebra lesquels, avec l'aide de l'instituteur maoïste, ont ensuite détruit l'école et l'autobus. Depuis, elle n'a pas été reconstruite et plus personne au gouvernement ne veut entendre parler d'instruction à Béni Farés et dans les villages alentour. Qu'ils se débrouillent, disent ces messieurs.

Damien mesure ce que cette guérilla coûte aux habitants. Et ce n'est pas prêt à s'arranger à ce qu'il imagine quand on voit les abrutis qui gouvernent Tenebra ou ceux qui commandent les rebelles lesquels s'installeront bientôt aux commandes d'Esperanza. Des abrutis certes, mais qui ont un plan et savent ce qu'ils font, c'est-à-dire grignoter les pays voisins, les uns après les autres. C'est toujours le même processus, explique-t-il à Ali, le seul à pouvoir comprendre : Quand on veut asservir les gens on leur supprime l'éducation et la culture. Et on peut ajouter que, pour comble de martyr pour la population, on élit le plus ignorant à la tête de l'Etat ce qui perpétue l'inculture et la porte même à des sommets. C'est comme ça que l'Administration, recrutée sur concours parmi les meilleurs, devient en fait le vrai maître de l'Etat. Jusqu'à ce qu'elle cède à son tour aux vertiges de l'abus de pouvoir et cela jusqu'à ce que soit élu un individu honnête qui remette de l'ordre dans la pétaudière.

21

Pendant que Damien faisait son apprentissage de pilote, un collègue africain lui avait raconté une blague qui courait dans son pays, preuve que des pétaudières il y en a partout, même là où cela parait improbable. « Un homme important, et plus chargé de péchés qu'un bandit de grand chemin, un coupeur de route comme on dit chez nous, se meure et va droit en enfer. Le diable magnanime lui offre le choix entre différents enfers. L'âme de l'homme commence par aller voir de près l'enfer américain. Là, les damnés sont punis à la chaîne avec cruauté par des diables en blouse blanche qui leurs font avaler des Big macs et des coca-colas sans discontinuer. Dépitée et déçue, elle va voir l'enfer européen. C'est un peu plus tranquille mais les diables sont sans pitié et les âmes doivent porter sur leur dos, pour l'éternité, une quantité invraisemblable de petites marchandes d'allumettes en haillons. Elle se rend chez les Russes. Chez eux ce ne sont que tortures raffinées puisées dans les livres de John Le Carré et dans les traités de torture de Vlad l'empaleur. « Va chez les tiens, lui glisse une âme compatissante entre deux hurlements, il parait que c'est ce qu'il y a de mieux ». L'âme s'y rend et s'aperçoit qu'un nombre important d'âmes font déjà la queue devant la porte de cet enfer africain. Elle interroge sa voisine dans la file : toutes les âmes veulent se faire admettre dans cet enfer car le chef des diables ne passe ici qu'une demi-heure par jour, signe le registre des présences puis s'en va. Quant aux démons chargés des supplices, ils ont vendu l'outillage et sont partis on ne sait où. » Voilà, c'est ça une pétaudière. Pour le plus grand bonheur des âmes damnées…

À la grande surprise de Damien, chez les enfants, parmi les plus grands, deux ou trois savent tout de même lire, un peu. Déchiffrer plutôt, mais avec un peu d'entrainement cela devrait vite s'améliorer. Comme personne dans le village n'a de livres, pas même un illustré, à part un Coran hors d'âge et un ou deux romans sentimentaux chez Ali qui en utilise les pages pour allumer le feu, il les autorise à lire dans l'un de ses livres à condition qu'ils n'en parlent pas. Il ne veut pas heurter la sensibilité des parents en imposant une littérature contraire à la religion. De toute manière il n'a guère le choix et eux non plus. En quelques jours, grâce à lui et à ses livres, ils progressent. Au bout d'une quinzaine, il s'est même amusé à leur faire faire une dictée de trois phrases simples. Les autres gamins en bavent de jalousie. Alors les plus grands leur apprennent ce qu'ils savent et comme ils peuvent. Damien surveille et corrige. Au grand bonheur d'Ali qui voudrait le voir faire l'école aux lardons du village. Mais il y a un hic, le village est trop pauvre pour acheter livres, crayons et papier, même une salle de classe suffisamment grande est introuvable. Provisoirement Damien offre de les héberger dans sa « salle à manger ».

On ne peut effacer trois ans de guerre d'un claquement de doigts et les gosses attendront que finissent les hostilités et que les rebelles soient passés à la moulinette avant de reprendre le chemin de l'école.

– Mais ce n'est pas une raison pour y renoncer, a-t-il fait comprendre à Ali et aux Mohamed. Au moins pour le futur des gamins... Je peux leur apprendre à compter avec des buchettes.

C'est Regina qui serait contente de voir qu'il ne s'intéresse pas qu'aux choses au-dessous de la ceinture. Béni Farès serait d'ailleurs une bonne place pour elle, mais il doute qu'elle en soit flattée. Elle veut « éduquer » des morpions. Pas leur apprendre à lire et à compter mais les « éduquer » dans le bon sens du terme, c'est à dire le sien et pour finir changer la société, -toujours cette manie d'intellos d'envisager une société parfaite. Parfaite pour les Big Brother de tous poils. Par exemple dresser les enfants contre leurs parents. Lesquels naturellement ne comprennent rien à rien, sont attachés à leur propriété et pensent que l'inégalité est un gage d'équilibre social. À chacun son dû selon ses mérites. Malheureusement, ce n'est pas dans un bled aussi pourri que Béni Farès qu'elle pourrait mener à bien cette mission sacrée. Même l'école de Babalou fréquentée par des enfants aussi arriérés que leurs géniteurs, est trop minable pour elle. Elle avait dit à Damien, du temps où ils allaient encore en université, qu'elle demanderait à enseigner à Constantz dès son diplôme obtenu. L'école Saint-Roch par exemple est faite pour elle, affirmait-elle. Beau quartier, parents riches et partant méprisables, mais enfants ouverts, obéissants et bien élevés, du gâteau. Quand on y pense, soupirait Damien, tous ces profs féminins comme Regina qui veulent éduquer les garçons façon unigenre et poule mouillée, il y a de quoi faire des cauchemars pour ce qui concerne l'avenir de la Compagnie.

– Si par hasard, les rebelles viennent à gagner la guerre et à envahir le pays, ils renverront toutes ces femmes dans leurs foyers, c'est sûr comme deux et deux font quatre et c'est les guerriers qui s'occuperont de l'éducation des garçons. C'est leur religion bien plus stricte que la nôtre qui l'impose, avait grommelé Ali à qui notre héros confiait ses craintes.

Quand les petits se réunissent dans sa maison pour lire, ou compter avec des buchettes, Damien joue les surveillants pète-sec pour la plus grande joie des Mohamed qui l'observent par la fenêtre ouverte. On ne badine pas avec la discipline et le respect. Les grands leur apprennent à compter, en se limitant aux deux opérations qu'ils connaissent, additionner et soustraire. Parfois les mères se pointent à la fenêtre et applaudissent à grand renfort de cris de joie quand leur progéniture ne s'en sort pas trop mal. Il y en a de jolies qui montrent leur museau fardé pour l'occasion. Malgré les consignes de la vieille pie. Celle-ci veille au grain dans leur dos, campée sur ses jambes arquées au milieu de la rue et drapée dans un haïk qui n'a pas connu de lessive depuis longtemps.

Damien n'oublie cependant pas d'effectue les tâches propres à sa mission. Bien qu'elles ne consistent qu'à effectuer des séances de guet sur le seuil de sa porte, secouer sa moustiquaire et préparer ses repas. Sur ce dernier point il a, dès le début, partagé ses provisions en trois tas, celui des haricots-saucisses de Strasbourg, celui des épinards-bœuf en gelée, celui des sardines à l'huile-pommes de terre en boîte. Il alterne à chaque repas. Parfois, les jours de fête, il agrémente son repas d'un bout de mouton, acheté à Ali. Il boit de la bière en boîte aux repas et n'importe quand. Parfois Ali lui tient compagnie. Ce dernier assure que la bière est une boisson saine et licite, conseillée même par le Coran. Elle ne laisse pas de traces dans le corps car elle est urinée dans l'état, couleur et odeur. C'est un grand savant qui tient un bar, un Ouléma de Constantz qui connait le Coran par cœur qui le lui a affirmé. Ils trinquent alors à la fin de la guerre et au retour de l'amour. Ce qui les fait rire.

Le fait d'avoir bourlingué, et surtout d'être le chef du village et d'être riche, dispense Ali de suivre trop étroitement les rites de la religion. Les autres sont très scrupuleux à ce sujet et les appliquent à la lettre.

– Ils font les cinq prières et tout le reste, les rites et les dévotions parce qu'ils n'ont rien d'autre à faire de leur journée, commente Ali. Donne-leur un boulot qui rapporte et tu vas les voir expédier leurs simagrées en cinq secs. Mais ici, comme ailleurs, tout le monde observe tout le monde et on est bien obligé de se plier à cette sorte de discipline. Au moins pour être bien vu. Un homme pieux c'est toujours mieux qu'un débauché, soupire-t-il, mais l'un n'empêche pas l'autre.

Au début de son séjour, durant le jeûne du ramadan, Damien entrait chez les uns et les autres la clope au bec quand ce n'était pas une bière à la main. Toute une éducation à faire. Ali lui a tout expliqué et s'il ne pète plus devant les gens, il rote à tout va. Ils ont d'ailleurs raison de tenir à leur religion, dans l'état actuel des choses et les chambardements qui se préparent dans le monde, même si Béni Farès parait aussi loin du marché mondial que de Pluton, c'est un peu de leur culture qu'ils conservent à travers les rites. Ali pose souvent la même question, tout bas pour que les rebelles n'entendent pas.

– Qui va gagner ? Les rebelles ou la Compagnie ?

Damien répond qu'il n'en sait rien mais que la diplomatie internationale est plutôt du côté des rebelles. « S'ils veulent un petit bout du territoire d'Esperanza, clament les diplomates de l'ONU, ces faux culs, pourquoi ne pas le leur donner ? Esperanza est vaste et il y a de la place pour tout le monde. Et Tenebra est si petit ! » Les diplomates pensent que c'est le sens de l'Histoire qui veut ça. D'autres malins se disent que plus Tenebra sera grand, plus on pourra y entreposer les ordures de tout le monde. Ali pour sa part dit qu'il ignorait jusqu'alors que la diplomatie savait ce qu'elle voulait. Damien avait eu la même discussion avec Regina. En lui répondant qu'il se fichait de la diplomatie internationale comme de son premier bouton d'acné, elle avait haussé les épaules et l'avait traité de crétin réactionnaire. Il lui avait rétorqué qu'en physique l'action entraînait toujours la réaction. Elle avait ri et l'avait embrassé.

22

Lorsque le deuxième mois à Béni Farès se fut écoulé, Damien très inquiet, se mit à scruter le ciel vingt fois par jour et plusieurs fois au cours de la nuit. Il se levait à n'importe quelle heure et, à poil, regardait les étoiles en cherchant vainement celle qui bougeait et clignotait dans la nuit. Ou bien, ratatiné dans son lit, il tendait l'oreille à un hypothétique ronronnement de moteur, maintenu éveillé dans son sac de couchage par la peur d'être abandonné pour toujours sur cette île perdue. Aujourd'hui il n'attendait plus rien, ni bataille dans les montagnes ni visiteurs aérien, sauf les pétarades d'un « Ronfleur » qui viendrait le chercher, conformément aux promesses du directeur Michon. Au bout de deux jours de présence, il avait supposé qu'il y avait eu échauffourée dans les mont Pelu conformément au plan de Bignard mais comme pas un seul avion de chasse et pas un seul hélicoptère n'étaient passés à la verticale de Béni Farès il avait supposé sans trop y croire que seuls les fantassins avaient fait le boulot. Il avait supposé aussi que les commandos de Bignard avaient été parachutés la nuit et qu'ils combattaient, sans l'aide de l'aviation, plus au nord, ou plus à l'est. Puis Ali lui avait dit que les rebelles très tranquillement étaient allés s'installer ailleurs, au diable Vauvert. Il avait tout de même tenté, par acquit de conscience, d'engager la conversation avec les gars de Bignard, à l'aide de son poste radio mais soit qu'il ne fût pas sur la bonne fréquence ou plus surement trop éloigné, soit que son sort n'intéressât pas les combattants, personne ne lui avait répondu. Au fur et à mesure du temps qui s'écoulait, la peur d'être abandonné prit le pas sur le boire et le manger.

Dans les jours qui suivirent ce deuxième mois, il disposa quelques couvertures, celles qui lui restaient, en une grande croix sur le sol derrière chez lui. Un message destiné aux avions pour signaler une présence humaine ayant besoin d'aide. Hélas ! le vent en rafale brouillait et mélangeait les couvertures, quand ce n'étaient pas les moutons qui les piétinaient et tentaient de les dévorer. Les avions, probablement ceux des lignes aériennes dont il entendait le faible grondement, volaient trop haut et nul pilote ne pouvait l'apercevoir qui gesticulait pourtant dans la masse malodorante des moutons et des chèvres, sous l'œil réjoui des Mohamed qui ne prenaient pas ses angoisses très au sérieux. Vaines gesticulations à l'image de ces malheureux naufragés qui, sur leur radeau, voient disparaître sur l'horizon un navire qui les ignore. Et le temps passa.

Après trois mois à Béni Farès, il se considère comme définitivement perdu, et oublié. Il fait contre mauvaise fortune bon cœur, admis par les Béni Fariens qui commencent à trouver plus que de l'attrait à sa présence. « Il est de bons conseils », a reconnu Ali lequel, plusieurs fois, a fait appel à lui pour l'aider à trancher un litige. Et également parce que ses maigres connaissances de boy-scout et de secouriste, assistées par la petite pharmacie mise en place par la Compagnie dans l'une des tables de nuit, lui ont permis de soigner quelques bobos, un panaris, une rage de dents et diverses plaies chez les enfants et les vieillards. Il pense, dans ses moments de lucidité qui surviennent souvent quand un jour radieux point entre ses volets, que c'est impossible que l'on puisse l'oublier ici. La Compagnie est trop bien organisée, un chef pour ceci, un chef pour cela. Il y a le chef qui distribue le tabac et celui qui veille au respect de la longueur réglementaire des cheveux et de la barbe. Il y a le chef qui planifie, aidé par une nuée de secrétaires et cent petits chefs qui exécutent. Il y a le chef à qui rien n'échappe et qui a une mémoire prodigieuse en particulier pour énoncer la liste des jours fériés dans l'année et le chef qui ne fait pas grand- chose mais qui possède un tire-bouchon etc. Bref, il y a du personnel intègre pour s'occuper de tout ; mais alors pourquoi pas de son cas ? Comment, à l'intérieur de ce prodige d'organisation, imaginer que l'on puisse l'oublier ? Il y a forcément quelqu'un chargé de suivre son affaire. Comme il n'est pas un personnage important, il suppose que c'est quelqu'un de modeste, dans un bureau modeste, probablement partagé par une douzaine d'autres gens modestes. À moins qu'ils aient mélangé ou perdu leurs fichiers et soient incapables de s'y retrouver. Forcément vu la modestie de leurs capacités. Il en conclut qu'il n'est pas sorti de l'auberge et il en a des sueurs froides.

Autre chose encore, à force de jouer à Radio Londres sur son poste, il a épuisé les deux grosses piles qui l'accompagnent. Il reste un petit poil de tension dans l'une qu'il conserve pour lancer un dernier SOS quand il aura atteint l'âge de la retraite. Sa mission secrète est terminée, largement. Etant donné qu'il n'a pas toujours noté, dans son insouciance des premiers jours, le passage des semaines il croit en être au début du troisième voire du quatrième mois. Avant son départ il s'est montré frivole et même couillon car son optimisme et la confiance dans la parole du directeur l'ont empêché de se munir d'un calendrier électronique qui aurait fait le décompte à sa place. Maintenant, il trace des bâtonnets sur le mur près de son lit quand il s'éveille et malheureusement aussi quand il y pense. Il tire quand même une conclusion : même s'il lui reste encore quelques boîtes de conserve et de bière, il ne faut plus qu'il fasse de folies. Ces soucis nouveaux font qu'il a l'impression nauséeuse de vivre dans une bulle de coton poussiéreuse qui ne va pas tarder à l'étouffer.

Peu après son arrivée, pour briser la glace il avait invité Ali, les Mohamed et quelques hommes du village à festoyer autour d'un cassoulet. Une vingtaine de boîtes, au diable le mégotage ! Il tenait table ouverte comme un roi, mais maintenant les temps ne sont plus aux festivités. Il est comme un noble après la Révolution, décavé et à la rue, ayant à peine de quoi se vêtir et se nourrir. Une boîte de conserve qui lui faisait deux jours doit maintenant en faire huit. Ses vêtements sont crasseux et certains même déchirés, troués et usés. Négligent, il avait beaucoup trop compté sur la relève pour renouveler ses frusques lorsqu'il reviendrait à Constantz. Il s'y trouve une petite dame qui s'occupe de son linge pour presque rien. Alors en attendant de lui amener son balluchon, il a porté ses chemises jusqu'à ce qu'elles tiennent debout. Il n'ose plus sortir de leur caisse ses caleçons de crainte d'en avoir honte et ses pantalons, des jeans, ne valent pas mieux qui sont raides de crasse. D'accord les Béni Fariens ne sont pas regardant sur la propreté mais il y a les enfants et il a aussi sa dignité.

– Il te faut une femme ! a décrété Ali de sa voix de chef.

Ses yeux plantés dans les siens s'efforçaient de le convaincre et il le secouait gentiment en tenant un bouton de sa chemise. Et la chemise s'est déchirée sur vingt centimètres. Tu vois ! A-t-il triomphé. Il te faut aussi du propre et du nouveau sinon c'est toi qui vas pourrir comme un melon oublié sur une étagère. La femme de Mahmoud fait des djellabas, des chemises et des pantalons pour tout le monde. Je lui ai donné tes mesures et tout est prêt, même les chaussures sont prêtes. C'est Kaled le cordonnier qui les fabrique, il sous-traite pour madame Mahmoud. Pour deux ou trois-cents zozos le tout, ce n'est pas cher.

Damien a protesté qu'il était tenu de porter l'uniforme de la Compagnie et du commando Delta et qu'il était presque marié avec Regina, une femme merveilleuse qui vit à Babalou, en banlieue de Constantz. Qu'il était gâté par les femmes, qu'il n'avait pas besoin d'une de plus car sa petite mère était une fée qui s'occupait de tout, vraiment de tout. Mais Ali n'a rien voulu savoir.

– Pour femme, je vais t'envoyer ma mère, Fatima Farès. Tu lui donneras un peu d'argent et elle s'occupera de ta maison, de tes vêtements et si tu veux elle te fera la cuisine.

Là, ça allait ; la mère d'Ali lui convenait tout à fait. Vu l'âge du fils, la dame devait friser la soixantaine et comme toutes les nanas du bled, elle n'était certainement pas du genre à rouspéter ou à imposer sa volonté. Il n'y avait aucune raison qu'elle fasse de l'ombre à Regina et qu'elle ait des prétentions à convoler.

Fatima Farès s'est pointée l'après-midi même. Elle ne paraissait pas avoir plus de trente-cinq ans. Elle avait l'œil noir et malicieux, le cheveu roussâtre sous le haïk léger qu'elle entortillait autour de son index en parlant, des tatouages sur la joue et les mains rouges de henné. Plutôt petite, son corps ni gros ni maigre disparaissait sous des couches de vêtements noirs, robes et corsages superposés comme si elle venait de l'antarctique. Son front était ceint d'un bandeau tissé de laines rouges et noires sur lequel sautillaient des pièces de cuivre attachées avec des épingles de nourrices.

Ali l'avait présentée comme étant la quatrième femme de son père, la dernière et la plus jeune. Le père était riche et la jeune Fatima avait réchauffé ses vieux os avant qu'il ne rejoigne les houris du paradis, Inch Allah. Elle n'est pas sa vraie mère évidemment, cette dernière est morte il y a longtemps, mais bon ne chicanons pas, trois des femmes de son père sont encore vivantes et pour lui, toutes ont le titre de mère. Dont il s'occupe en bon fils. Fatima, à peine entrée s'est jetée sur le tas de linge y compris celui caché dans la caisse en bois. Toutes ces hardes que Damien réutilise au fur et à mesure des besoins, après un tri scrupuleux, mais sans les laver bien sûr. Ce qui explique que lui-même, comme son linge, pue comme une nichée de renards.

En parlant de renards, Ali, au cours du deuxième mois, lui a offert un fennec gros comme le poing avec une queue énorme et des oreilles de lapin. Un rien effraie cet animal et le moindre bruit - le tintement d'une fourchette, une allumette qui tombe, une toux- l'envoi se cacher au fond de la pièce, entre les bidons d'essence. Impossible à l'en déloger en l'appelant. Jusqu'à ce qu'il retrouve le courage de faire front à son maitre. Prudemment il reste caché le jour mais fouine la nuit dans la maison pour trouver de quoi becqueter. Il n'y a plus un seul lézard alors que quinze jours avant, ils grouillaient comme les touristes chinois sur les Champs-Élysées de Constantz. Plus de blattes et d'iules non plus. Il n'y a que les puces et les poux qui sont hors d'atteinte du fennec. L'ennuie c'est qu'il pisse partout et fait ses gros besoins itou, alors une nuit il a trouvé la porte ouverte et basta. Au matin il avait disparu. Deux jours plus tard Ali l'a revu qui rôdait autour du village, affamé et toujours peureux. « Comme quoi il est difficile de retourner à l'état sauvage quand on a goûté à la civilisation », a doctement commenté ce dernier. Damien lui aurait bien ouvert de nouveau sa porte et fait l'effort de l'apprivoiser, mais le problème c'est qu'il a juste de quoi survivre et partager sa nourriture même avec un fennec paraît un sacrifice hors de proportion. Revenons à Fatima.

Fatima n'est pas laide à voir. Damien l'avait entraperçue le jour de son arrivée. Elle se tenait sur le seuil de sa maison, le regard curieux et le mollet apparent entre les pans du haïk. Elle faisait aussi partie des femmes qui venaient le narguer, au nez et à la barbe des maris et des frères. Mais comme c'est la mère d'Ali, un homme que tout le monde respecte, elle est, de ce fait, au-dessus de tout soupçon. Ces femmes étaient avant tout poussées par la curiosité et, ainsi qu'elle le lui dira plus tard, elles le trouvaient moche et mal fichu avec sa peau de blond trop blanche et son bide de boit-sans-soif. Aujourd'hui, avec sa crasse, sa barbe et ses poux, c'est pire encore, de quoi faire fuir une sœur de la Charité ou même l'une des houris du paradis, pourtant probablement pas regardantes si on en croit l'échantillon de croyants qui monte régulièrement au ciel. Avant de s'attaquer à ses frusques, elle a plié son haïk et enlevé une ou deux couches de fringues, haut et bas, jusqu'aux bras nus, des bras dorés et charnus. Elle possède au-delà des mèches rousses, d'abondants cheveux noirs, longs et fournis, des mains fines et délicates et ses yeux sombres miroitent comme le fond d'un puits profond quand le soleil est à plomb. Elle est allée chercher de l'eau en priorité et a tout lavé dans l'après-midi y compris le sac à viande du duvet qui commençait à ressembler au drapeau des anarchistes. Le lendemain elle a balayé et nettoyé la baraque. Pendant qu'elle balayait, Damien l'aidait un peu en déplaçant les meubles, pour s'occuper, et l'étudier. Elle sent diablement bon et à cette occasion il s'est rendu compte qu'il puait vraiment, et que ce n'était pas une blague d'Ali.

Assis sur son lit, position stratégique en dehors des zones de circulation, il l'observe s'agiter autour des gamelles qu'elle tente de nettoyer. De deux choses l'une, ou c'est une femme du monde bien sous tous rapports, comme sa mère ou Regina, et ses mouvements de hanches et de fesses sont naturels, ou elle se fout de lui en tortillant son popotin parfumé sous son nez. Une femme de cet âge qui a perdu son mari a besoin d'un remplaçant de temps en temps, songe-t-il pendant que, tout en s'activant sur le dessus du fourneau, elle lui jette des regards noirs et curieux à travers la masse de ses cheveux. Elle l'a obligé à réunir les boîtes de conserve vides qu'il empilait dans un coin, ne sachant qu'en faire. Appelé par Fatima, qui prend de plus en plus la direction des opérations, un Mohamed est venu les chercher. Lequel a remercié Damien avec force courbettes et tapes dans le dos.

– C'est pour le forgeron du village, lui dit Ali, un artiste qui fait n'importe quoi avec une boîte de corned-beef vide.

– Exactement comme les artistes de Constantz qui sont économes de moyens que ça n'en est pas croyable, répond Damien. Un bout de craie et un mur pas trop rugueux font l'affaire.

Ali s'est mis à rire. Damien a de la peine à l'imaginer devant un tableau de Soulage ou un portrait de Warhol, pourtant Ali lui a avoué être allé visiter plusieurs fois le musée d'art moderne de Constantz avant de rentrer à Béni Farès. Le lendemain, peu après son lever, alors que comme à son habitude il se grattait le crâne et l'entre jambe, Fatima entrée comme chez elle, sans un mot est allée chercher de nouveau de l'eau et sa bouilloire à thé. Elle a versé plusieurs seaux dans le bac à laver et une bouilloire d'eau bouillante. Puis elle lui a fait signe de se déshabiller et de se plonger illico dans la baille. Se déshabiller devant la mère d'Ali lui posait un problème. Comment son fils prendrait-il cela ?

Fatima, sans se soucier de ses scrupules a insisté avec force gestes à l'appui en se pinçant le nez tout en le poussant vers le bac. Un peu plus elle lui fichait un coup de pied au cul. Elle l'a savonné -savon fait maison : gras de mouton et cendres- sans pleurer sa peine. Une vraie sauvage. Avec sa brosse en crin de dromadaire elle est passée partout, la peau de Damien était rouge vif. Elle marmonnait des trucs en lui lavant la tête puis en lui frottant le corps, toujours avec sa brosse. Il sentait son haleine près de son visage, une haleine parfumée mêlant le poivre et la réglisse. Elle lui a même lavé le kiki, avec la brosse. Parbleu, pas difficile, il bandait comme Adam après le coup de la pomme. Quatre ou cinq mois sans femme à lutiner.

Elle a fait celle qui ne voit rien, après quand même un imperceptible temps d'arrêt lorsque l'objet a émergé du bain comme un missile tiré d'un sous-marin. Bon, c'est une femme, malgré qu'il soit difficile d'imaginer sa silhouette sous les épaisseurs de jupes et de fichus. À se demander comment ces gonzesses font pour ne pas fondre lorsqu'il fait quarante degrés à l'ombre. Et les hommes pareils.

Il a bredouillé des excuses en montrant l'objet du délit, il l'a fait les mains jointes comme pour une prière, et elle s'est méprise sur le sens de son geste. Elle lui a tourné le dos brusquement, mais elle avait rougi. Couleur : cuivre passé au Mirror. Bref après l'avoir baigné, elle l'a envoyé se sécher devant la fenêtre ouverte puis elle a sorti de dessous ses jupes un petit flacon contenant une huile parfumée. Pour chasser les puces expliquera Ali plus tard. Après un temps d'hésitation destiné à juger de la confiance qu'elle peut lui accorder, elle l'a badigeonné sur tout le haut du corps. Il avait réussi à maîtriser son érection à force de penser à une promenade dans un paysage de bord de mer sous la lune, mais ça l'a repris de plus belle en plein milieu de l'exercice. À l'instant où elle s'est agenouillée pour lui enduire les cuisses. Comme précédemment elle a fait celle qui ne voit rien et ne sent rien ; même si son outil de non circoncis se trouvait à cinq centimètres, pas plus, de son nez.

Ils doivent baiser comme leurs chèvres et leurs boucs, avait-il pensé au début de son séjour, en les voyants rustiques, poussiéreux et couverts de pelures, enfermés dans des cagnas exiguës. Les subtilités du Kama Sutra et autres libertinages Grand Siècle doivent leur passer par-dessus la tête. Ali détournait la conversation quand Damien voulait aborder le sujet. Vaniteux qu'il était, insupportable arrogant qui n'en connaît guère plus qu'un enfant de chœur en la matière ; malgré les exercices d'application des copines de maman et de sa chère Regina. Pour ça encore, à propos de ses fameux exercices érotiques, il se demande aujourd'hui où se trouvait alors la frontière entre ses fantasmes et la réalité. Jusqu'à l'arrivée de Fatima il n'était qu'un gosse qui inventait son monde, y compris peut-être une certaine Regina, sans trop se soucier de vérité et de réalité.

Il se rendra compte rapidement qu'à Béni Farès comme ailleurs, les secrets de la bête à deux dos sont connus même chez les marmots de dix ans. Forcément puisque tout le monde dort dans la même pièce... Lesquels marmots comprennent parfaitement les pages de Sexus les plus croustillantes mais en plus les trouvent puériles. Bien dignes d'un ignorant de la ville, disent-ils avec une moue. Si l'on considère les habitants de Babalou, par exemple, leurs connaissances en matière de baise c'est en gros de la technique -de l'ajustage- et des papouilles machinales que l'on fait en rentrant fatigué du travail. Aucune recherche et aucune découverte en la matière qui élargisse un tant soit peu leur vision du monde. Les gens de Béni Farès n'ont certes pas essayé de faire voler un plus lourd que l'air, mais au moins, au cours de leurs interminables discussions, ont-ils tenté de trouver un sens au monde qui les entoure et une raison d'être à ses étoiles les plus visibles. Et s'accoupler est devenu un passe-temps, avec la chicha et le thé, l'un et l'autre qui ne demandent pas que l'on se dépêche…

Le lendemain matin de ce bain mémorable Fatima déboule de bonne heure avec un antique rasoir coupe-chou qu'elle brandit sous le nez de Damien. Croyant l'avoir outragée avec sa bandaison, le voilà qui saute par la fenêtre et qui cavale dehors fuyant le supplice d'Abélard. Il l'entendait dans la maison qui riait à perdre le souffle. Ah ! le joli rire ! Clair, partant de la gorge comme une roucoulade. Elle sort à son tour, le prend par la main et lui débite toute une litanie dans son patois des montagnes en lui montrant sa tignasse. Elle le fait asseoir près de la fenêtre et commence à lui tondre le crâne avec une tondeuse en partie rouillée sortie comme d'habitude de dessous sa jupe. Elle peaufine le tout avec son rasoir et en trois minutes Damien a le crâne plus lisse qu'un œuf.

– Plus de poux, fini, dit Ali entré sur ces entrefaites et visiblement satisfait du travail de sa mère. Elle ne parle pas bien l'Espéranzais car elle vient d'une tribu de l'autre côté des montagnes qui possède son propre patois, mais elle est intelligente et elle comprend les hommes, avait-il ajouté sibyllin.

Au cours de l'après-midi Damien a droit à une séance d'essayage sous la direction de madame Mahmoud, la couturière-styliste du coin, une dame d'un physique imposant qui fait songer immédiatement à une betterave sur pied, au moins dans la forme. Fatima se contente d'examiner les vêtements d'un œil critique. Ce n'est pas de la haute couture mais son trousseau comporte un pantalon gris avec un large fond bien pratique pour se ventiler l'entrejambe, plus une sorte de chemise également grise râpeuse comme son papier hygiénique, en poils de chèvre et laine de mouton. Ajoutons une djellaba brune pour l'hiver, une courte veste en mouton tanné décorée de broderies élégantes, pour aller présenter ses hommages à une dame et une paire de babouches dessus peau de mouton et semelle en pneu Michelin du plus bel effet. Le tout pour à peine 300 zozos.

– C'est pas cher, non ? demande le gros Mahmoud qui a rapidement expédié ses filles hors de l'atelier de couture. C'est-à-dire sous la pergola avec obligation de ne pas regarder du côté du playboy. Dont l'une, la cadette, très jolie, apparaissait parfois la nuit sur son chemin et lui tenait la main, lorsqu'il effectuait ses rondes.

23

La Compagnie se manifesta alors qu'il devait y avoir un peu moins de cinq mois que Damien végétait à Béni Farés. Ce fut au cours d'un après-midi finissant. Il était occupé à soigner un enfant qui s'était coupé sous le pied, une plaie sans gravité si elle est rapidement désinfectée. Donc, vers les seize heures, un hélicoptère de la Compagnie, une « Perruche » de quatre places pour être précis, venant du sud se met à tourner au-dessus de la place du puits à grand renfort de flap-flap et de sifflements de turbine. Damien, penché à sa fenêtre, avait reconnu l'insigne de l'escadron Thunderbolt sur le fuselage : un corbeau tenant dans son bec un djben. Fébrilement, il range sa ouate et son mercurochrome et quitte sa djellaba. Pour se faire reconnaître, il enfile par-dessus son pantalon ce qui reste de sa combinaison de vol, c'est-à-dire une sorte de short et une partie du haut, un boléro qui avait conservé ses insignes d'escadrille. Ainsi déguisé, il se précipite dehors et au pas de course rejoint la population. L'hélicoptère était alors en stationnaire à deux mètres au-dessus des têtes. Il venait de déposer sur le sol une boîte en carton de la taille d'un colis de quelques kilos. Trop tard pour Damien qui, mêlé à la foule n'avait pas eu le temps de se manifester.

L'équipage n'était pas venu pour lui. Au contraire, une fois le colis déposé, les gars avaient paru pressés de déguerpir. Damien avait pourtant croisé le regard incrédule et surpris du pilote lorsqu'il s'était avancé dans le nuage de poussière soulevé par la Perruche. Mais il avait peut-être rêvé tant son envie de quitter les lieux était fort. Le colis, une fois ouvert par Ali, contenait de la paperasse, règlements divers et circulaires ainsi que des enveloppes et différents bulletins de vote destinés à l'élection d'un député pour Béni Farès et les villages du plateau des Chèvres. Des portraits d'inconnus avec leur profession de foi, tous issus de Mater et de sa banlieue l'accompagnaient. Une vingtaine de feuillets d'instructions et de consignes pour monter une salle de vote réglementaire, étaient également glissés dans la boite en carton.

Le soir même Ali a réuni tout le monde, c'est-à-dire les hommes et les femmes en âge de voter, autour d'un feu près du puits. Il a expliqué ce qu'était un vote et pourquoi on sollicitait les Béni Fariens pour la première fois de mémoire d'ancien. C'était, était-il écrit dans les documents d'accompagnement, une « tactique nouvelle de l'état-major de la Compagnie, et une manière citoyenne et responsable de lutter contre les envahisseurs de Tenebra ». Ce qui déclencha chez les futurs électeurs une avalanche de questions dont la plus pertinente concernait le rôle joué par l'éventuel futur député dans l'existence des habitants de Béni Farès. Damien, pendant ce temps ne cachait pas sa déconvenue. Mauvaise blague ! pensait-il. Alors qu'il attendait depuis des mois que l'on vienne le relever, la Compagnie, ignorant ses angoisses et son impatience, choisissait d'envoyer une vieille Perruche et trois civils vêtus comme des croquemorts pour inviter le village à voter. Ce qui prouvait d'une manière certaine qu'en Haut Lieu on l'avait oublié ! Il ne pouvait en être autrement.

Si encore on le priait, nommément et sous couvert de son titre de Chef du camp d'aviation, d'organiser ce fichu vote, ce serait bon signe et dans la continuation de sa mission. Mais même pas. On avait perdu sa fiche ou le bureau chargé de suivre les détails opérationnels de sa mission avait sauté sur une mine. Pendant que tout le monde jacassait autour du feu, palabres entrecoupées de sifflets et de youyous vigoureux, le cœur gros il quitte l'assemblée et prend le chemin de sa maison, tête basse et trainant les pieds. Triste, infiniment triste. Et pourquoi ne pas l'avouer avec l'envie de pleurer.

Fatima, qui ne se sentait pas la fibre citoyenne et qui comprenait la déconvenue de Damien, l'attendait devant chez elle, l'œil ému et le visage affligé. Elle lui fait signe de venir la rejoindre puis elle l'entraîne dans la pièce où elle vit, un ravissant capharnaüm de coussins brodés et de tapis multicolores. Elle a préparé du thé très fort et très chaud et fait réchauffer les reliefs du meilleur des couscous. Après le thé, oubliant le couscous, comme si cela était des plus naturels et même habituel vis-à-vis des étrangers, elle se pend au cou de Damien et l'embrasse à la goulue. Un vrai baiser d'amoureux, de jeunes qui en ont envie depuis une éternité, au moins. Puis le reste a suivi. Elle s'est déshabillée, pif paf, en un tour de main. Il faut dire que contrairement aux usages, ce soir elle n'avait qu'une méchante jupette sur les reins et un léger corsage. Elle s'est dévêtue plus vite que Damien qui pourtant fonçait tête baissée comme un jeune taurillon devant son premier matador et qui ne prenait pas de gants pour arracher les lambeaux de ce qui restait de sa combinaison de vol.

Quand on est en manque à ce point on prend du plaisir à coups redoublés, si on peut me permettre cet à-peu-près. Cela a à peine duré mais ils se sont rassasiés, à en avoir jusque-là. Après il l'a regardée. Ses seins tenaient tout entiers dans sa main, ses cuisses étaient superbes, celles d'une danseuse et son ventre celui d'une fillette. Damien lui montre son pubis puis son crâne d'œuf. Il croyait que les dames d'ici se rasaient à cet endroit ? Bonne question, elle rassemble son espéranzais : « Pas d'homme, dit-elle. Mais demain pschitt comme pour ton crâne si tu le veux ! » Quelques minutes plus tard, en entendant les voix de ceux qui reviennent de la palabre Fatima bondit et s'habille encore plus vite qu'elle ne s'est dévêtue. Ah ? Il y en a qui veulent savoir ? Oui ? Elle met un soutien-gorge, eh oui ! Et encore, elle enfile une culotte, ravissante, tout comme celle de votre petite amie. Un cadeau d'Ali à sa mère lorsqu'il est revenu de son dernier voyage à Mater. En temps ordinaire elle ne porte rien sous ses guenilles, avoue-t-elle. La culotte et le soutif c'était en son honneur, pour montrer que, comme toutes les femmes elle mettait d'adorables barrières à la sauvagerie des mâles. Et aussi pour qu'il comprenne que même en habitant dans le bled, on n'en était pas moins coquette et au courant du progrès. Si progrès il y a dans les sous-vêtements féminins.

Damien se rhabille aussi vite qu'il le peut et s'éclipse côté jardin. Le retour de madame Bovary après sa virée chez Rodolphe. Tout ça pour rien en définitif. Qui serait venu espionner Fatima ; entrer chez elle sans s'annoncer ? Absurde. Même Ali ne se serait pas pointé sans s'annoncer avec force toux et raclements de pied. Demain on fera ça chez moi, décide-t-il une fois dans la rue, c'est plus sûr et après-demain aussi car je ne vois pas pourquoi, tout en restant très discrets, nous ne reprendrions pas en détail ce que nous avons à peine ébauché aujourd'hui. Et Regina dans tout ça ? Bof, se dit Damien, comme j'ignore où elle est et si pour elle je suis toujours vivant, qu'elle s'occupe de ses affaires à Babalou, à Paris ou à Pyongyang, et moi je m'occupe de Fatima.

– Ma mère Fatima est une femme digne et respectable, déclara Ali le lendemain matin, les deux mains posées sur les épaules de Damien et les yeux dans les yeux, mais elle est très jeune et une femme jeune doit avoir un homme. Je suis content pour elle et pour toi.

Et tac ! Damien l'aurait embrassé, voici qu'Ali cet homme juste et généreux devenait son fils par la force des choses et des sentiments. Cependant, comment avait-il su ? Quel espion l'a renseigné ? Rien de tout ça Fatima l'avait mis au courant tout naturellement. On ne décrira pas ici ce que firent Damien et Fatima dans les jours et les nuits qui suivirent, il y a maintenant une collection pour ça chez tous les bons éditeurs à l'affût des dernières pompes à fric, ou bien lisez Marie Minelli chez la Musardine. Mais entre autres papouilles « elle enroula (?) sa langue autour de son sexe et descendit lentement » comme il est écrit dans la série « Passion » d'une honorable collection pour dames et demoiselles. Et bien d'autres trucs merveilleux qui vous font croire à l'existence du gentil dieu de l'amour ; à défaut d'un dieu unique compatissant et généreux avec le genre humain.

Un soir où une lune romantique éclairait leur chambrette et après l'amour, Damien, qui avait appris un peu de la langue de Fatima, la questionna sur l'excision : était-ce pratiqué dans son bled ? Comment se faisait-il qu'elle ne soit pas excisée comme nombre de filles d'au-delà des montagnes ?

– Cela s'est longtemps pratiqué jusqu'au jour où un imam chrétien, un Jésus est passé chez nous.

– Tu veux dire un ecclésiastique, un jésuite ?

– Oui un jésuite médecin. Il a réuni tout le monde pour nous conseiller de changer de pratique aussi bien pour l'excision que pour la circoncision. Parler de prophylaxie ou de sexe n'aurait eu aucun succès alors il nous a raconté une histoire : « Dieu le miséricordieux, a-t-il affirmé, n'aime pas que l'on soit mutilé sans nécessité, il veut nous récupérer entier en arrivant près de Lui, tel qu'il nous a créé. Près de Lui, mais loin des portes du paradis, il y a un amas immense de prépuces et de clitoris que les âmes, quand elles arrivent doivent fouiller afin de retrouver ce qui leur a été enlevé. Parfois cela prend des siècles ou même des millénaires et tandis qu'elles peinent à farfouiller dans ce tas de viande puante les portes du paradis leur restent fermées. Certaines âmes ne retrouvent jamais leur bien et restent éternellement dehors, car le tas est si grand que la Grande Mosquée de Damas paraitrait toute petite à côté ». Le jésuite fit promettre au village, afin que tous accèdent rapidement au paradis, d'abandonner la circoncision mais surtout l'excision. Ce que nous avons fait malgré les vieilles femmes qui parlaient de tradition et de culture perdues. Moi, je ne suis pas excisée car de toute manière mes parents ne voulaient pas…

Et encore plusieurs mois passèrent dans l'amour, la joie et le bonheur.

24

En fin d'après-midi d'un hiver frissonnant et pluvieux, alors que les bergers venaient de rentrer prématurément les troupeaux pour les mettre à l'abri, un jeune Mohamed, fils ainé de Mohamed ben Mohamed, juché sur le dromadaire d'Ali, déboule devant la maison de Damien. Il venait avertir le village de l'approche, en direction de Béni Farès, d'une troupe de soldats répartis dans deux camions bâchés et une jeep. Il revenait de la partie Est de la montagne, officiellement vierge de rebelles, où il était allé repérer des traces de sangliers et de gazelles. C'est alors qu'il a aperçu les camions au loin dans la plaine, petits points entourés de poussière qui grossissaient de seconde en seconde. Instantanément le village se rassembla près du puits

Fatima, qui faisait un peu de ménage chez elle, comprend tout de suite que l'on vient chercher Damien, que si la Compagnie l'a oublié cela va être réparé dans peu de temps. Elle a supporté dignement et courageusement la mort de son mari, tout le monde sait qu'elle agira de la même manière lors du départ de Damien. Elle se drape dans son haïk et sans mot dire va se réfugier dans la maison du Commandant du camp d'aviation. Manière pour elle d'affirmer à tous, et aux soldats qui arrivent, son statut social de presque épouse de notre héros. Ce dernier muni de ses jumelles constate qu'effectivement, il s'agit bien de deux camions de la Compagnie. Et à qui d'autre auraient-ils pu appartenir ? Il s'agit maintenant de bien les accueillir. Par la fenêtre elle lui tend le haut de sa combinaison de vol, ou ce qu'il en reste, et son blouson fourré qu'il n'a jamais mis. Ce blouson, qu'il croyait avoir oublié dans sa chambrette à Constantz, elle l'a déniché dans le fond de son sac sous les caleçons grand froid, le casque en acier modèle 1925, les boîtes de cirage, la brosse à habits et le nécessaire de couture. Le blouson tombe à pic car il pleut, de courtes et légères averses, depuis le matin et l'atmosphère s'est notablement rafraichie. Selon Damien ces gars en camion viennent probablement chercher les résultats du vote. C'est ce qu'il explique à Fatima et à Ali. Un vote que les Béni Fariens n'ont pas fait ou plutôt qu'ils ont fait en dépit du règlement officiel. Celui-ci précisait pourtant qu'il fallait piocher un député parmi ceux proposés dont ils possédaient l'affiche et les généreuses déclarations d'intention. Des gens probablement chargés officieusement de surveiller et de tenir en laisse les Béni Fariens et autres habitants des villages du plateau. Ils ont élu Ali.

Elle secoue la tête et de sa manche essuie une larme.

– Pas tant de soldats pour ça. Ils viennent pour toi.

– Peut-être qu'ils font le tour des mechtas entre la montagne Pelu et Mater, avance Ali.

« Vous aurez une école, une Poste avec le téléphone, un supermarché avec une station d'essence, une mosquée et un imam, un tribunal, un commissariat, l'électricité, l'eau courante et l'hôpital » déclaraient, à peu de choses près, les candidats sur leurs affiches. Ce à quoi Ali, au cours d'une assemblée près du puits, après avoir lu les déclarations des candidats, avait rétorqué : « Nous ne voulons que l'école. » Et c'est grâce à ce programme minimaliste qu'il fut, théoriquement, élu à main levée. Preuve qu'il n'est pas toujours bon de proposer tout l'arsenal du progrès à des gens qui mangent difficilement à leur faim et qui ne croient guère en des promesses trop libéralement distribuées qui ne prennent pas en compte leur misère. Ali promettait aussi de donner un mouton et une chèvre à tous les jeunes mariés, il aurait aimé que ce soient Damien et Fatima qui inaugurent cette prestation. Il promettait aussi d'aider financièrement, comme d'habitude et en bon usurier, ceux qui étaient dans le besoin.

Serré dans son blouson fourré et affublé d'un semblant de turban, Damien se plante devant sa maisonnette pendant que les camions en grondant se rangent près du puits. La troupe saute des bahuts sous les coups de gueule d'un sergent ventripotent et abondamment pourvu de médailles pour venir s'aligner, comme à la parade, sur deux rangs face à Damien et à Ali. Puis, après cette démonstration de force, les camions repartent se garer plus loin, dans la pampa, afin de laisser le champ libre à la troupe.

– Très bien, bravo ! Belle manœuvre, applaudit Ali.

Encore une rafale d'ordres dont on comprend en gros qu'il s'agit d'appréhender un terroriste. Étonnement des deux compères qui se regardent. Étonnement qui dure peu. Cinq ou six soldats, le pistolet mitrailleur à la hanche, les encerclent. D'une gifle le gros sergent fait tomber le turban de Damien, action qui parait le combler d'aise. Il ricane comme quoi les déguisements ne servent pas à grand-chose quand on arrive avec une photo du suspect dans la poche. Et encore des ordres pour fouiller le village et voir si ne s'y cachent pas d'autres terroristes avec leurs armes. Le reste de la troupe se répand donc au galop dans les gourbis en vociférant pour chasser les hommes et les femmes et jusqu'aux malheureux impotents, des vieillards pour la plupart, qui voudraient se défiler. Ils entassent près du puits les fusils de chasse et quelques couteaux qu'ils ont saisis. Les Mohamed, délestés au passage de leurs pétoires par les soldats, arrivent au grand galop des bergeries pour se placer près d'Ali et l'encadrer. Ce dernier toise les soldats d'un air important maintenant qu'il a été élu député de Béni Farès. Une fière morgue, renforcée par une grosse cocarde aux couleurs d'Esperanza, œuvre de madame Mahmoud, qu'il exhibe ostensiblement à sa boutonnière.

Braves gens et brave Ali ! Ce dernier, s'avance vers le sergent, en baragouinant dans le patois local sous le coup de l'émotion, comme quoi il est le député élu du village et qu'il dénoncera ces manigances en haut lieu. Il s'interpose donc entre le sergent et Damien. Lequel Damien de son côté, comme la majorité des spectateurs, ne comprend rien à ce qui se passe. Il a l'impression de jouer à un de ces jeux de guerre dont la Compagnie use et abuse avec ses recrues. Ali, en habitué des coups sournois du gouvernement, a deviné que ces bidasses ne viennent pas pour lui acheter des djbens mais pour chercher des noises à quelqu'un. Un aspirant, guère plus haut qu'un de ces figuiers de barbarie utilisés comme élément de clôture dans le village, avec des boutons d'acné au front et des lunettes rondes en fil de fer, tout mouillé et crotté malgré son poncho en toile imperméable, descend de sa Jeep. Jusqu'alors il se tenait à l'écart, assis à la place du chauffeur, tout en observant le déroulement des opérations. Digne et plus raide dans son uniforme que George

Patton lui-même, après avoir renvoyé la jeep se garer près des camions, il marche sur Ali et Damien le pistolet au poing. Un Beretta model 51. Dans ces instants de froide terreur on remarque des choses auxquelles on n'a jamais fait attention. Damien observe donc que le cran de sûreté a été enlevé et que vu la position du chien il y a des chances pour qu'une cartouche soit engagée dans la chambre. Le petit aspirant boutonneux, dont le regard hésitant chavire de trouille, peut flinguer n'importe qui si on l'excite un peu trop.

– Levez les bras, tous les deux ! Ordonne-t-il à Ali et à Damien d'une voix enrouée où pointent encore quelques couacs d'adolescent. Et toi, il désigne Damien du menton, tu es en état d'arrestation et tu vas nous suivre sans résister.

Ahuris par la tournure des événements et par cette arrestation imprévue, les deux interpellés lèvent les bras sans discuter. Inutile de faire les marioles ni avec lui ni avec les bidasses qui l'accompagnent dont on entend grincer les dents et armer les pistolets-mitrailleurs. Ces gars-là peuvent à tout moment faire un carton, juste pour chasser leur trouille et montrer qu'ils ont la situation sous contrôle, comme ils disent. Et ce n'est pas la mort d'un pouilleux comme lui, ou comme Ali, ou d'une bande de pelés comme il y a ici, qui leur donnera des cauchemars. Toute bleusaille qu'ils soient, leurs uniformes tout neufs peuvent en témoigner, mis à part le sergent et ses médailles, il n'y a probablement pas plus de deux mois qu'ils sont dans la Compagnie. C'est pour eux le moment de montrer leur bravoure et ils peuvent faire du dégât sans même le faire exprès. Dans leur imagination enfantine, obéissants aux ordres de leur officier, ils ont héroïquement pénétré dans un nid de rebelles pour le nettoyer. Une sorte de chasse aux frelons.

Damien, Ali et les Mohamed ont très vite compris que ce n'est pas le genre de situation dans laquelle on joue les bravaches ou les provocateurs. Même si les villageois, de leur côté, se demandent si tout ça, l'arrivée de ces gens et l'interpellation de Damien comme un vulgaire voleur, n'est pas de l'ordre du songe. « Ce sont peut-être des djinns, ou des démons », murmure quelqu'un dans la foule. D'accord, réfléchit Damien, il a dispersé aux quatre vents le mobilier de la Compagnie, certes ce n'est pas bien, mais qui le sait ? En revanche les bidons d'essence d'avion sont intacts, même pas ouverts et pourtant on aurait pu en faire des feux à la veillée ! Avant de partir pour Béni Farès, il a réglé ses dettes, y compris celles faites dans les bars de Constantz. Alors pourquoi cette tonitruante et belliqueuse arrestation ?

– À qui avons-nous l'honneur ? demande-t-il d'une voix grelottante d'émotion. J'attendais que l'on vienne me chercher, c'est vrai, mais pas de cette manière. Je suis le Commandant du terrain d'aviation de Béni Farès et j'attends d'être relevé depuis neuf mois, si ce n'est plus.

– Je suis l'aspirant Jean-Marie Leymarie de Tiernac, répond le petit officier. Nous appartenons au commando de sécurité de la Compagnie, le commando Bêta, et j'obéis aux ordres de mon état-major. Je dois te conduire devant le commandant Pierpont de Saussaie, juge d'instruction à Mater, lequel a délivré un mandat d'emmener à ton encontre. Mandat que voici…

L'aspirant tremble d'énervement en cherchant le fameux mandat. Il finit par l'extraire d'une poche de sa vareuse, plus mouillé qu'une serpillière et naturellement illisible. On reconnaît toutefois le cachet de la république au bas de la feuille. Il y a six mois ce chétif officier était encore étudiant en droit à Constantz, comme Damien l'apprendra plus tard. En ce temps-là, c'était pour lui la vie de château au propre et au figuré puisqu'ils habitaient, son père et lui, dans un authentique château construit au 19ème siècle par un aïeul qui avait quitté sa Lozère française pour s'installer en

Esperanza et y faire fortune dans le tabac. Ce père, un riche et complaisant magistrat dont il était le seul héritier, lui passait tous ses caprices. En particulier, il applaudissait et encourageait la foi chrétienne de ce fils prodigue. Cette foi, plus installée et solide en son âme d'adolescent que le socle en béton d'une éolienne dans la terre agricole, fut jadis décrétée dans la famille « vertu cardinale des héritiers de Tiernac » et inclue depuis le 13ème siècle dans leur devise « Tuons les tous au nom de Dieu ». Leur foi les avait guidés lors de leurs sept croisades en terre sainte et les avait obligés à massacrer un nombre conséquent de mahométans pour plaire à sa sainteté le pape. Une foi chrétienne infrangible que n'aurait pas désavouée saint Paul de Tarse lui-même. Une foi si intense et si envahissante, qu'à force de signes de croix et d'agenouillements, Jean-Marie s'était fait des ampoules aux genoux qui, comme les saintes plaies, refusaient de guérir et une tendinite permanente à l'épaule droite. Ajoutons, afin de bien cerner l'ampleur de sa croyance, que les premières phalanges de sa dextre destinée au signe de la croix, étaient toutes ramollies et décolorées par l'eau bénite dans laquelle, je vais trahir un secret, une mesure de prophylaxie prévoyait d'ajouter de l'eau de javel.

Un mécréant pouvait penser qu'il se comportait dans ses excès comme un Tartuffe pour qui les gesticulations et l'apparence remplaçaient le fond. Il n'en était rien. C'étaient pour ses maîtres en dévotion et pour son confesseur l'incarnation d'un saint Jean pour sa vision apocalyptique, d'un Thomas d'Aquin pour ses commentaires théologiques, du dominicain et inquisiteur Bernard Guy pour la défense de l'église et de tous les papes, Pie XII en tête, pour son intransigeance absolue. Car chaque matin depuis sa dixième année, après une discussion sur un point du dogme ou sur un écrit de l'un des Pères de l'église avec Monseigneur l'évêque de Constantz, un grand ami de son père, il servait sa messe devant les dames et les messieurs des beaux quartiers qui l'invitaient ensuite à déjeuner. L'après-midi il étudiait en université de droit et le soir il rejoignait sa cousine Adeline, pensionnaire chez les Sœurs maristes. Ce n'était pas pour assouvir un désir de mauvais goût mais pour jouer aux échecs contre la mère supérieure avec qui il dinait ensuite, et pas très frugalement, il faut le dire. Il apportait les vins, choisis dans la cave de son père et le couvent fournissait le reste. La meilleure des vies de château. Vraiment.

Il était prévu qu'il épouse sa chère Adeline dès qu'ils se connaitraient mieux et une fois sa situation dans la Compagnie bien assise. Car lassé des études de droit et après le décès brutal de la mère supérieure à la suite d'un repas pantagruélique mal digéré, il s'était engagé dans la Compagnie et avait demandé, sur l'injonction de son père, à servir dans le commando de sécurité Bêta. Commando qui pourchassait les déserteurs, les traitres et les renégats. Son père, juge et président de la cour martiale supposait qu'il y serait plus efficace compte tenu de sa connaissance du droit, qu'à crapahuter dans les monts Pelu avec les ploucs du général Bignard. Et en plus, dans le quartier où il était encaserné, il était voisin de la cathédrale si bien qu'il pouvait continuer à servir la messe de sept heures de Monseigneur après l'avoir écouté disserter sur saint Augustin, et même parfois servir ses vêpres destinées à collecter des fonds pour l'évêché. Ah, Monseigneur ! Quel saint modèle pour ce jeune homme. Et quel humaniste ! Damien apprendra tout ça de la bouche du gros sergent venu le visiter dans sa cellule à Mater.

Revenons « sur le théâtre des opérations ». Si l'un des deux fait un pet de travers, Ali ou Damien, dans l'état de fébrilité où il se trouve, le petit aspirant peut très bien leur balancer le contenu du chargeur de son pistolet dans le ventre. Il le fera parce qu'il n'aura pas su se tirer, par la diplomatie ou simplement par la sagesse et le sang-froid, d'une situation devenue périlleuse et que pour lui il est préférable de zigouiller deux types jugés dangereux plutôt que de ne pouvoir maîtriser la fameuse situation et perdre la face. Déjà son doigt se crispe sur la détente et un sourire stupide se dessine sur son visage. Fatima qui ne comprend pas le danger, lui lance une volée de phrases dans le jargon de ses montagnes qui font sourire Ali et les Mohamed. Elle est sur le pas de la porte de la maison du Commandant du terrain d'aviation et les mains aux hanches, le cheveu en bataille, elle se dresse sur ses ergots. Consciente de sa position, avant de se pointer elle a revêtu ses plus beaux atours, jupe rouge sur un jupon vert, caraco noir et haïk blanc. La classe, même avec les pieds nus. Phrases qui les sauvent en détendant un petit peu l'atmosphère.

– Que dit-elle ? demande l'aspirant avec la voix pâteuse de quelqu'un qui sort du sommeil.

– Elle prie pour que tes récoltes soient bonnes et que ta brebis en train d'agneler mette bas sans difficulté d'ici ce soir.

– Tu te fous de moi ! L'aspirant tourne sa pétoire vers Ali.

– Laisse tomber mon lieutenant, murmure Damien prenant la voix polie au papier de soie du curé remerciant la marquise pour ses dons. Personne ne se moque de toi. Si c'est après moi que tu en as, je te suivrai jusqu'au bout du monde si tu le souhaites et je ne ferai rien qui puisse te poser des problèmes… Dieu qu'il parle bien dans son désir d'être agréable à cet avorton, avec l'envie sous-jacente de lui faire comprendre qu'il y a un malentendu qu'il faut dissiper. Nous sommes entre soldats que diable ! Frères d'armes, ajoute-t-il, ce qui fait grimacer de dégoût l'aspirant. Ali, en patois, lance un ordre guttural à Fatima qui la boucle sur le champ.

Les quelques villageois et villageoises, des malades essentiellement, qui n'ont pas jugé utile de se rendre sur la place, sont extraits de leurs gourbis et poussés dans le dos par les soldats après une perquisition soignée. Ils se rassemblent lentement avec les autres qui jacassent comme à la foire, tout en jetant des regards angoissés vers Damien et Ali. Après avoir bousculé la préposée au service de l'eau, un soldat attaché à une corde s'apprête à descendre dans le puits pour chercher les armes que l'on est censé y jeter en cas d'intervention surprise de l'autorité, comme aujourd'hui. C'est dans le manuel de la Compagnie, page 18 deuxième paragraphe : « Les habitants d'un village suspect jettent toujours leurs armes dans les puits lorsque l'Autorité vient les contrôler… ».

Damien se surprend à regarder le bidasse d'un œil curieux et même anxieux, on ne sait jamais il pourrait effectivement y avoir des armes dans l'eau. Il n'avait pas observé quoi que ce soit de louche autour du puits mais ça ne veut rien dire. Cependant, à la réflexion, il mettrait tout de même sa main à couper qu'il n'y a rien. Depuis le temps qu'il vit parmi les villageois, s'il y avait quelque chose de douteux il s'en serait vite rendu compte. C'est ce qu'il dit à l'aspirant, lequel lui ordonne de la fermer. Dont acte. À l'instant où le bidasse s'apprête à se laisser glisser dans le trou, voici que le jeune Mohamed, celui qui avait donné l'alerte, le fils de Mohamed ben Mohamed et frère de Caramel, après avoir pansé le dromadaire d'Ali dans son écurie, apparaît sur le toit d'une bergerie, son fusil de chasse à la main. Surpris par le charivari qui régnait sur la place, méfiant et agile comme un chat le jeune homme avait préféré prendre du champ et observer les événements de loin avant de se manifester. Un garçon costaud de dix-sept, dix-huit ans, ex-agent de liaison avec les rebelles, qui devait se marier dans un mois avec la fille cadette de madame

Mahmoud, la couturière styliste. Il était monté sur le toit pour observer et parait tout étonné par ce qu'il voit….

25

– Je le jure aujourd'hui, monsieur le juge, le jeune Mohamed ne visait personne avec son arme. Il tenait simplement son fusil à la main, et même en bout de bras. Une habitude que d'avoir toujours ce fusil de chasse avec soi, quand on se déplace sur le plateau, pour tirer un marcassin ou un lapin ; pour se défendre aussi à force d'être sur le qui-vive, à espionner les rebelles, à les suivre de loin, à chercher des renseignements. Peut-être même n'était-il pas chargé ... Un des soldats ne l'a pas entendu ainsi et avec son fusil-mitrailleur, il l'a promptement visé. Puis sans sommations et sans ordres, il a ouvert le feu. Une rafale de trois ou quatre cartouches, puis une deuxième, et une troisième. À chaque fois le jeune Mohamed se pliait un peu plus et la foule l'accompagnait d'un fort et long gémissement. Il a fini par s'allonger de tout son long sur la terrasse, la veste gonflée par le vent et perdant son sang, tandis que son turban se déroulait jusqu'au sol. Alors son père, Mohamed ben Mohamed, s'est jeté sur l'assassin. Il n'y a pas d'autre mot monsieur le Juge. Vous faites la moue, mais je maintiens. Mohamed ben Mohamed brandissait un long couteau sorti de son vaste pantalon. Pas une lame rouillée comme celle que l'on m'avait refilée le jour de mon arrivée, mais une lame large et brillante, confectionnée dans de la ferraille tirée d'un char d'assaut de la dernière guerre. D'un seul mouvement du bras il traverse l'épaule du soldat. Ce dernier s'effondre et alors une demi-douzaine de bidasses se jettent sur Mohamed ben Mohamed qui est traîné sur le dos puis collé contre un mur. Et là il est abattu d'une rafale de mitraillette, sans même lui permettre de se relever. Ça n'a pas duré plus de dix secondes.

Le jour de mon arrivée, monsieur le juge... Mais à quoi bon remonter aux origines. Et quelle étrange idée avait eu Michon de m'envoyer dans ce bled perdu ? Et quels dégâts ma présence aura provoqués chez ces gens. Quatre morts sans compter les blessés des deux côté, plusieurs dizaines. Impensable ! Je n'aurais pas imaginé pareille catastrophe en arrivant. J'aurais mieux fait de me planter en avion ou de me casser une jambe au lieu de dire oui à Michon... Après la fusillade un long silence s'est abattu sur Béni Farès comme si la nuit la plus noire venait de tomber et que chacun tentait de comprendre l'origine et le déroulement de cette incroyable tragédie. Alors que le soleil était encore haut sur l'horizon. Quelle heure était-il ? quatre heures peut-être ou cinq. Les soldats qui avaient tué le père, ahuris et pâles se jetaient des regards éperdus comme pour dire : ce n'est pas moi ! Non ce n'est pas moi ! Ce n'est pas possible que j'aie fait ça ! Et les autres n'en menaient pas large qui tentaient de comprendre ; on lisait sur leur visage tour à tour la peur et la honte. L'aspirant regardait ses hommes et le gros sergent comme s'il cherchait une explication, une raison et peut-être aussi un coupable. Les villageois figés et muets de terreur regardaient horrifiés l'endroit du toit où le jeune Mohamed gisait tout ensanglanté et le mur taché de sang au pied duquel le cadavre de son père était tout recroquevillé. On ne le sait pas, ici à Mater comme à Constantz, mais pour ces gens la vie est sacrée. Seule la vie que l'on arrache au cours d'un sacrifice, mouton ou chèvre, plait à Dieu si elle est faite dans les règles et est pardonnable, car, en plus, le mouton ou la chèvre calmera la faim endémique du village. Mais si la mort d'un homme plaisait à un Dieu, disent-ils, alors ce Dieu serait haïssable.

Une femme a hurlé, un long cri, comme un dernier cri, celui d'agonie. C'était la mère du jeune Mohamed et la femme de Mohamed ben Mohamed, puis une autre, la future épousée, la fille de Mahmoud, a hurlé à son tour et une autre femme encore et d'autres. C'était le chœur des femmes, de toutes les femmes du village qui rugissaient de colère et gémissaient de douleur. Celui qui ne les a pas entendues, monsieur le juge, ne peut pas connaitre quels cris arrachés de la gorge et quels pleurs et lamentations ces femmes sont capables lorsque la douleur les emporte. On se demande alors quelles poitrines de cuivre et quels ventres enflammés, poussent ces hurlements de bêtes folles ? Il faut se boucher les oreilles et fermer les yeux. Puis les hommes ont suivi, un énorme gémissement rauque accompagné d'un sourd piétinement, comme si une troupe s'ébranlait, jusqu'à couvrir presque les cris des femmes. Ce bruit s'enfla pour devenir comme la mer frappant les rochers. C'était la tempête s'engouffrant dans la lanterne brisée d'un phare. Belle image ? Merci monsieur le juge. Puis le bruit retomba, tous les cris cessèrent, pour laisser la place aux larmes. Et puis l'instant d'après les cris repartirent. Et le sol trembla de nouveau sous les pieds des hommes. L'air, malgré la pluie qui tombait de nouveau, était épais de poussière, palpable. Vous ne comprenez pas ? Pourquoi piétinaient-ils ? Je ne sais pas, la coutume, monsieur le juge. Leur religion peut-être... Le désir de vengeance, surement. Peut-être convoquaient-ils les démons du plateau, les djinns qui se cachent sous terre... Vous me croyez fou ?

Revenons aux faits. L'aspirant en hâte fait séparer les villageois. On pousse les hommes d'un côté et les femmes de l'autre, les soldats les encadrent les armes pointées. Des fusils-mitrailleurs sont mis en batterie, deux face aux hommes et un tourné vers les femmes. Ensuite une poignée de soldats va de bicoque en bicoque et de bergeries en écuries, pour vérifier une fois encore si personne ne s'y cache. Je me souviens de cela comme si c'était hier et mes mots sont bien faibles pour décrire la terreur et la colère des habitants de Béni Farès. Ils poussent dehors le fils d'Ali, le dernier, six ans, fraîchement circoncis, qui était au lit avec de la fièvre. Le gamin trébuche en passant le seuil et le soldat le relève sans ménagement prenant bien garde quand même de ne pas se salir avec le sang qui macule la chemise de l'enfant.

À côté de moi Ali gronde comme un chien prêt à mordre. Finalement le gamin parvient à rejoindre son père qui le couvre de sa veste. Pendant ce temps l'aspirant ordonne au sergent et à un soldat de rassembler mes affaires, mes guenilles pour être juste. Puis pressé d'en finir, il tire en arrière le soldat du puits, toujours assis et les jambes pendantes dans le vide. Après y avoir balancé les fusils de chasse en deux coups de pied, il y jette une grenade. Il savait pertinemment que désormais le puits éboulé serait perdu. Comme quelqu'un qui ne se contrôle plus, il bouscule ses hommes pour qu'ils aillent plus vite et maintiennent éloignés les habitants qui grondent et hurlent des injures, devenus fous de rage. Des soldats tirent en l'air pour faire reculer les hommes devenus menaçants. D'autres, sans doute pour provoquer une diversion, ouvrent les portes des bergeries. Les moutons et les chèvres sortent sur la rue en se bousculant, tout épatés d'être remis en liberté à cinq heures du soir.

À cet instant le sergent qui fouille ma bicoque découvre mon pistolet qu'il brandit par la fenêtre comme un trophée.

– On va foutre le feu à ta baraque enfant de salaud, grince l'aspirant tourné vers moi.

Le feu. À cet instant, monsieur le juge, il m'est revenu en mémoire la cérémonie de l'Aïd el Kébir, le sacrifice du mouton, à laquelle j'avais été convié. La mémoire monsieur vous crée de ces surprises inattendues qui vous tirent des larmes.

– On va lui faire sa fête, m'avait dit Ali en traînant un mouton bien gras par la peau du cou et tu m'aideras à le tuer. Tous les chefs de famille vont tuer un mouton et ce soir il y aura un grand méchoui sur la place. C'est en mémoire du sacrifice d'Ismaël, le fils d'Ibrahim. L'ange Djibril a mis un mouton à la place de l'enfant qu'Ibrahim, probablement un vieux barjo, voulait sacrifier pour plaire à Dieu.

– Et il est indispensable de tuer un mouton ? j'ai demandé.

– Indispensable. Ils sont gras et nous avons faim de viande, m'avait répondu Ali avec simplicité. Tu nous en as offert trois, maintenant c'est à nous de t'inviter.

Il m'avait ensuite expliqué qu'il fallait affûter le couteau pour qu'il tue le plus nettement et le plus rapidement possible. Le mouton ne doit pas souffrir inutilement, monsieur le juge. Pauvre bête qui roulait des yeux atterrés mais qui ne bêlait pas, si ce n'est de temps en temps une mince plainte. Il m'est revenu alors, encore un méchant tour de ma mémoire, cette phrase du « Petit Prince » : « S'il te plaît, dessine-moi un mouton. ». Saint-Exupéry avait dû assister au sacrifice de l'Aïd el Kébir pour mettre cette phrase pâlotte dans la bouche de l'enfant. Car les enfants du village, réunis pour l'occasion, avaient assisté au sacrifice et certains, surtout parmi les plus grands, avec trop de complaisance à mon goût, avaient eux-mêmes fini d'égorger les pauvres animaux. Ali m'avait garanti qu'à ce moment-là, les moutons étaient déjà morts ou peu s'en faut. Mais il n'empêche, il n'est pas bon de donner le goût du sang aux enfants. Je fais un rapprochement avec un chien qui a mordu un humain, à la première occasion il mordra de nouveau. Sur le chemin du sacrifice, ils n'étaient pas non plus les derniers à lui jeter des pierres mais à leur décharge sans chercher à l'atteindre. Cette culture du sang et du sacrifice, enseignée aux enfants m'avait à l'époque soulevé l'estomac. Mais dans le fond, ils ne faisaient rien de plus que les apprentis boucher de chez nous, si ce n'est qu'ils avaient faim de viande rôtie et de fête. Le plus comique de l'histoire c'est que le village s'est mis à danser, à chanter, à taper du tambourin et à glapir des youyous sans surveiller le feu et les broches, ce qui fait que presque tous les moutons furent carbonisés.

Je reviens à notre affaire monsieur le juge. Oui, c'est ça, vous avez raison, ma digression sur l'Aïd el Kébir est complètement stupide et mal venue ! Ok ! J'ai voulu prévenir l'aspirant, tout aussi agité et aussi peu lucide qu'un forcené ou qu'un drogué, qu'il y avait une dizaine de bidons de deux cents litres d'essence dans mon PC et que ça allait faire des étincelles et des dégâts si on y mettait le feu. Sans même m'écouter, il eut un geste de mépris. « Bon débarras ! Ça va tuer tes puces. » éructa-t-il sans saisir de quoi il retournait. Ou plutôt en pensant que je voulais protéger quelques affaires personnelles, mes livres pervers, mes souvenirs de terroriste, la lettre à Regina, ou ce qu'il en restait. Ali qui a compris, entraîne les gosses, les hommes et les femmes au fond de la place et les fait s'allonger au sol malgré les hurlements des soldats et de l'aspirant qui ne voyaient pas d'un bon œil cette initiative.

Sous l'effet d'une grenade incendiaire, lancée par cet imbécile trop pressé, et malgré le gros sergent qui du fond de la place gesticule et aboie dans le tumulte général des phrases incompréhensibles en montrant ma bicoque, celle-ci prend feu aussitôt comme du papier journal. Pendant ce temps, je cherche Fatima dans la petite foule des femmes et ne l'aperçois pas. L'incendie prend brusquement des proportions telles qu'on doit le voir certainement depuis Mater. Je gigote, me tourne de tous les côtés en appelant Fatima mais Ali m'entraîne avec les autres et m'empêche d'aller vers la maison. L'aspirant et une grosse poignée de soldats fascinés par l'incendie, les bras ballants n'ont pas bougé et me laissent suivre Ali.

J'apprendrai, de la bouche même du sergent avant de grimper dans un camion, que Fatima s'était battue avec lui et qu'en repoussant ses coups de griffes, il l'avait proprement assommée d'une pichenette sous le menton. Puis ils étaient sortis, lui et son soldat en la laissant sur place, elle et le pistolet. À leur décharge ils ignoraient les intentions de leur chef. Ce crime, là encore, n'entraînera pas d'enquête ? Il n'y a que moi que ça intéresse... En plus, c'était dans le cadre d'une opération de police contre un dangereux terroriste… Je pouvais toujours la chercher dans la foule. Malgré l'évidence, j'ai longtemps espéré qu'elle se soit sauvée dans la pampa par la porte de derrière, celle de ma « salle de bains ». Car voyez-vous, monsieur, Fatima était enceinte. De quatre mois, oui… Permettez-moi de me moucher.

Bien que nous nous soyons reculés de plusieurs dizaines de mètres, et allongés sur le sol à l'extrémité de la place, l'explosion des bidons d'essence provoqua un vent furieux, puissant et chaud de plusieurs centaines de degrés qui déferla sur nous et une colonne de feu de plus de dix mètres de diamètre monta vers le ciel. Puis un énorme nuage rougeâtre se répandit sur Béni Farés. Le vent, comme le vent d'une bombe incendiaire avide d'oxygène, projeta une partie des soldats à terre, ceux, et c'était presque toute la troupe, qui ignorant le danger étaient restés debout en glapissant des injures autour de la place, l'arme pointée sur les villageois. Puis le souffle brûlant et une large langue de feu déferlèrent sur nous en pompant notre oxygène et en brûlant les poumons de nombre d'entre nous. Lorsque j'ai relevé la tête, le crâne protégé par mon semblant de turban dont je m'étais recoiffé en hâte, et le reste du corps par mon blouson et la toile grossière de mes vêtements, j'ai aperçu à quelques dizaines de mètres devant moi, toujours debout et le pistolet au poing, la statue de sel de l'aspirant stupéfié. Il avait perdu tous ses cheveux, ses mains, son visage, paupières et bouche, ainsi que son crâne, ressemblaient à de la viande hachée et son poncho qui fumait encore s'était ratatiné autour de son cou. Son uniforme bien coupé, œuvre d'un tailleur renommé de Constantz, était en lambeaux et de courtes flammèches comme autant de bougies, lui picoraient les mollets et les bras. Une petite partie de la troupe, de ceux qui étaient les plus éloignés, protégés par les casques et les tenues de combat en grosse toile avaient meilleure mine. Bien qu'il y ait parmi eux cinq ou six bidasses brûlés au deuxième et troisième degré au visage, au cou et aux bras. On peut ajouter sans se tromper que leurs poumons et les fosses nasales devaient être détruits en partie. Par conte le sergent bedonnant était indemne. Sans plus de façon, il avait plongé à terre au milieu des Béni Fariens. Les soldats restés au plus près de l'incendie, ceux qui entouraient l'aspirant ressemblaient comme lui à des steaks tartares et fumaient comme les braises d'un méchoui. Côté villageois il y avait quelques brûlures externes mais aussi internes car nombre d'entre eux, surtout parmi les enfants, avaient respiré l'air en feu. L'infirmier qui accompagnait les soldats, indemne car resté près des camions pour panser le blessé de Mohamed ben Mohamed, aidé des chauffeurs, soignera tout le monde à coup de pommade jusqu'au milieu de la nuit. Sans pouvoir faire plus.

L'explosion des bidons à fichu le feu aux maisons les plus proches de la mienne puis de proche en proche à toutes les autres. Les habitants, aidés par quelques soldats suffisamment valides tentèrent en vain d'éteindre les incendies avec des pelles et des balais dérisoires, et préserver autant qu'il se peut leur maigre mobilier. Ali sauvera même son cartel qui sonnait comme Big Ben. Ils batailleront toute la nuit, satisfait malgré tout d'avoir protégé les troupeaux, leur inestimable richesse. Je n'assisterai pas, hélas ! à l'enterrement de Mohamed et de son fils, mais je conserve encore en mémoire sa longue silhouette sèche, son visage sévère qui riait peu et ses yeux clairs qui me dévisageaient toujours avec sympathie. Et je n'ai pas non plus enterré Fatima et l'enfant. Ah ! Saloperie…

26

Au milieu de la nuit, alors que la quasi-totalité des maisons continue de brûler, le feu s'étant rapidement propagé des deux côtés de la rue sous l'effet du vent omniprésent et malgré la pluie, Damien est conduit vers un camion bâché. Il est menotté et est escorté par deux griftons presque indemnes, sauf quelques rougeurs aux mains et au visage qui leur font comme des coups de soleil. Ceux-ci n'en mènent pas large, autant en raison des dégâts dont ils sont responsables que par la posture haineuse et vindicative des villageois qui les entourent et les suivent, pas à pas, à quelques mètres en montrant le poing. Il a pu faire ses adieux à Ali et aux Mohamed, brièvement car le sergent qui a pris le commandement de la troupe en remplacement de l'aspirant, ne tient pas à passer la nuit sur place et pour cela bouscule et houspille tout son monde. Pendant ce temps, enveloppés de bandages et tavelés de pansements, le reste de la troupe qui peut encore tenir debout ne quitte pas des yeux et tiennent leurs armes braquées sur Ali et les Mohamed, pourtant solidement ficelés les uns aux autres. Ces derniers les insultent et s'agitent comme des guêpes dans un bocal. Nul doute que s'ils avaient encore leurs fusils de chasse ils massacreraient les soldats sans hésiter. Installé dans sa jeep, l'aspirant dont on ne voit plus qu'un œil, le reste disparaissant sous les bandes Velpeau, a cédé le volant à un caporal à peine moins brûlé. En passant, et avant de grimper dans le premier camion, Damien lui fait observer que pour ce qui est de jouer à l'Homme Invisible, c'est de sa part plutôt réussi. L'aspirant pour toute réponse lui lance de son œil ouvert un regard venimeux chargé de fièvre.

– Pauvre con, on se retrouvera, grince encore Damien. Je te le promets vermine ! À moins que tu crèves de la gangrène d'ici là !

– Le Seigneur est avec moi, crachote l'aspirant derrière ses bandages. J'ai mon scapulaire qui me protège et contre mon cœur un morceau du jupon de Sainte Eulalie béni par Monseigneur l'évêque de Constantz. J'appartiens à l'armée de Dieu et le Seigneur est mon guide et mon chef. Il ne me quitte jamais. Il est mon inspirateur. Tu devrais nous baiser les pieds, à mes hommes et à moi, de faire en Son nom ce travail d'épuration et d'assainissement...

– Qu'est-ce que tu racontes connard ? Tu as vu les dégâts que ton zèle imbécile a provoqués ? Un village rayé de la carte, pas moins, et deux morts et peut-être trois ou quatre avec Fatima, sans compter les blessés des deux camps qui ne s'en sortiront pas et seront handicapés à vie. Tout curaillon et bigot que tu es, j'espère que tu finiras en enfer et le plus tôt sera le mieux.

Et Damien, peut-être un peu trop fort, lui tapote la joue, ce qui arrache des hurlements de douleur à l'aspirant. Puis il grimpe dans le camion, poussé dans le dos par le soldat qui l'escorte. Le second camion est réservé aux bidasses éclopés, et ils sont nombreux, étendus à même le plancher. Damien les entendra gémir et se plaindre durant toute la route, malgré le bruit des moteurs. Une fois assis dans le camion, le soldat, avec une paire de menottes, attache l'un des poignets de Damien à l'une des ridelles ce qui fait que durant tout le voyage il aura la main dehors, dans le vent froid de la course. Je n'aurais pas dû insulter ce con d'aspi devant ses hommes, pense-t-il, ça fera partie des charges retenues contre moi. Après avoir vérifié qu'il est solidement attaché, le gros sergent lui relate la mort de Fatima. Ce que Damien redoutait sans vouloir se l'avouer. Puis le cœur léger, le sergent sort un casse-croute d'une musette et va s'installer dans la cabine près du chauffeur.

Damien tente d'entamer une causette avec le garde le plus proche, mais ne peut savoir qu'une chose : qu'ils sont presque tous d'anciens enfants de chœur de l'évêque de Constantz. Quant à savoir ce qu'il adviendra d'Ali et des gens du village, c'est apparemment le cadet de leurs soucis. Ils ont obéi à leur chef, l'aspirant, et on ne peut rien leur reprocher. La guerre c'est comme ça il y a des dérapages…Le maintien de l'ordre c'est pareil. Ils sont venus l'arrêter et ils rentrent chez eux mission accomplie. Damien se souvient qu'Ali lui avait confié, dans les premiers temps de son séjour, que les rebelles avaient déménagé pour éviter les représailles de la Compagnie au cas où lui, Damien, chef du Camp d'aviation, venait à être tué par l'un d'eux. « Car tous ne sont pas des plus disciplinés et chez les rebelles la notion de chef à qui l'on obéit est des plus floues, avait dit Ali. Il y a toujours des petits groupes de deux ou trois individus, qui battent la campagne ici ou là, plus par besoin de rapines que par menées idéologiques ». Eh bien, maintenant pense Damien, les rebelles ne se sont pas approchés de moi, mais la Compagnie a quand même exercé des représailles. Si je m'interroge sur les motifs de cette barbarie, je n'ai plus de questions à me poser. Ils ont foutu le feu au village, tué Fatima et son enfant à venir, fusillés le jeune Mohamed et son père par conviction religieuse. Je parierais qu'ils avaient l'ordre de massacrer tout le monde hommes, femmes, enfants et animaux mais que l'incendie, et surtout leurs blessures, ont stoppé leur élan.

Le soldat avec qui il discute, à l'appui de ses dires, exhibe ses médailles pieuses pendues à de son cou comme d'autres, en leur temps, la Croix de fer. Certains, car dans le camion des éclopés il n'y a pas de place pour tout le monde, marmonnent dans leur coin sous leurs pansements et dans leurs haillons noircis. Damien les voit dévider les grains d'un chapelet entre leurs doigts. J'ai donc en face de moi les « Soldats de Dieu », réfléchit-il, une clique dont on parle à mi-voix dans les mess, car évidemment on ne sait jamais quels officiers ou quels cadres en font partie. Une sorte d'ordre secret à l'intérieur de la Compagnie. Des soldats idéologiques copiés des Waffen SS, l'armée nazie. Ils se sont donnés pour mission d'éradiquer la présence musulmane dans Esperanza, rien de moins. En simplifiant, dans ce pays, les chrétiens, (coptes, catholiques, protestants, nestoriens, maronites etc.) et les juifs occupent le littoral et les musulmans, pour la plupart, l'arrière-pays. C'est donc dans l'arrière-pays que ces voyous exercent leurs activités d'épuration donnant ainsi involontairement, on peut l'espérer, un coup de main aux rebelles. Lutter contre les rebelles avec les gars de Bignard ne fait visiblement pas partie de leurs obligations. Damien n'avait jamais prêté l'oreille à ce que la plupart des gens qualifiaient de racontars, voire de fantasmes de journalistes en mal de sujet. Aujourd'hui il est bien obligé d'admettre leur existence et ça le met mal à l'aise car cette réalité pue autant que la fosse dans sa salle de bain. Mais soyons raisonnable, réfléchit-il, inutile de divaguer, au départ ils sont venus à Béni Farès pour m'arrêter, non pour mener la guerre sainte. Mais pourquoi m'arrêter et avec un si grand nombre d'homme, au moins une section ? Ma peau ne vaut pas un tel déploiement de force, deux gendarmes auraient suffi ? On aurait même pu m'oublier sans que personne ne bronche. Dois-je en conclure que ma présence est devenue un prétexte pour raser le village et tuer ses habitants ?

L'aspirant, retrouvé et interrogé plus tard par Damien, citera, avec un immense respect dans la voix, les paroles et les écrits de Monseigneur Lopez-Gerardo, l'évêque qui parraine les soldats de Dieu. Des paroles, souvent prononcées en chaire lors des oraisons. Discours dignes de ceux, papes comme Urbain II ou moines comme Bernard de Clairvaux, qui prêchèrent les croisades afin de chasser le sarrasin du tombeau du Christ. Ce Monseigneur, qui avait été dans sa jeunesse aumônier en chef de la Compagnie, ne loupait aucune des escarmouches qu'elle menait à gauche et à droite, bénissant, avant et après, les hommes et les canons. Personne, lorsqu'il était encore aumônier, n'avait intérêt à louper une de ses messes ou à tenir des propos laïques en sa présence, ou devant ses mouchards, lesquels pullulaient disait-on. Il se chargeait ensuite de stopper rapidement la carrière du mécréant. Il a des amis et des affidés dans les loges maçonniques, dans les états-majors, parmi les hommes politiques, à l'Opus Dei et au Vatican bien entendu et même parmi les truands de Constantz. Après les communistes, pourtant réduits à l'état d'embryon, il ne hait qu'une chose : le Coran et qu'un type d'individu : le musulman. Et pourtant, il s'est arrangé, avouera l'aspirant, avec les imams de Constantz pour que personne ne se marche sur les pieds et surtout que tous, y compris les mafieux, respectent le territoire, et les richesses de la communauté chrétienne.

On raconte que ce Lopez-Gerardo, à peine sorti du séminaire, avait, en 1945, participé sous la houlette de monseigneur Hudal, à l'exfiltration des nazis vers l'Amérique du Sud, l'Egypte, la Syrie et l'Irak dans le cadre de l'opération Odessa. Monseigneur Alois Hudal, qui était alors l'aumônier des troupes allemandes, avec l'aide de moines Croates et du secrétariat du Vatican auquel il appartenait, était chargé de fournir des papiers et de l'argent à ces nazis. Lesquels quittaient l'Europe, principalement par le port de Gènes. Il espérait que ces braves nazis, même exilés, combattraient le communisme et surtout l'Islam devenus, disait-on, tous les deux envahissants et nuisibles comme la peste. C'est le contraire qui s'est produit, ils se sont fait musulmans pour les besoins de leurs affaires et pour leur tranquillité ; et pour ce qui est de combattre le communisme, ce n'était visiblement pas dans leurs intentions.

Monseigneur Lopez-Gerardo, exilé par le pape -qui n'appréciait guère ses méthodes de franc-tireur et de gangster-, sur les terres de Constantz par pénitence et pour freiner sa virulence, continua ses combats en cachette. Il forma, dans le secret, toute une génération de « soldats de Dieu », recrutés autant chez les séminaristes que parmi ses jeunes fidèles des deux sexes. Milice, ou bande de gredins, destinée à traquer et éliminer les ennemis de la chrétienté, c'est à dire plus précisément la vaste foule des non catholiques. En quelques courtes années cet ordre invisible infiltrera l'administration d'Esperanza et la Compagnie. Elle mènera des luttes de pouvoir au nom du bien en supprimant ses adversaires par le crime et la délation sans que jamais le nom du prélat ne soit associé à ses coups de main. Il tentera même de « convertir » la filiale esperanzaise de Cosa Nostra, organisation dont les méthodes avaient sa préférence, mais dont les objectifs, qui ne coïncidaient absolument pas avec les siens, l'amèneront à renoncer. Au moment de notre histoire, monseigneur Lopez-Gerardo ne devait pas être éloigné de ses quatre-vingt -dix ans. Cependant sa mort prévisible ne laissera pas son ministère occulte vacant car ses troupes s'étaient choisies depuis longtemps de jeunes chefs en totale adéquation avec sa doctrine. Après sa mort survenue à la suite d'un attentat l'autopsie révèlera qu'il souffrait d'une tumeur au cerveau vieille de plusieurs dizaines d'années qui n'avait pas évolué. Cette tumeur, là où elle était située, entrainait « une forte inhibition affective » ainsi que ce fut écrit sur le rapport d'autopsie. En d'autres termes il n'aimait personne, ce qui expliquerait son comportement assez peu tolérant, et finalement assez peu chrétien.

27

– Cela fait dix mois et douze jours, précise le juge d'instruction Pierpont de Saussaie, que vous jouez les pachas à Béni Farés dans les bras d'une mouquère de presque deux fois votre âge. Il interroge Damien sans desserrer les dents de son fume-cigarette d'ambre. On dit aussi que vous y étiez protégé par un ancien cueilleur de fraises et ses sbires, forcément affiliés à la rébellion, voire agents de Tenebra comme il se doit.

– Cette mouquère, comme vous l'appelez, répond Damien avec un brin d'arrogance, était l'une des mères d'Ali, votre cueilleur de fraises, un honnête homme et un ami, pas du tout affilié à la rébellion. C'était une femme respectable et respectée de tout le village à qui je dois beaucoup, en particulier de n'être pas devenu dingue, ou clochard. Je ne vois pas, dans la description que vous en faites, pas plus que dans la longueur de mon séjour à Béni Farès, matière et raison raisonnable de brûler le village tout entier et d'assassiner quatre personnes dont cette femme et l'enfant qu'elle portait. Si mon séjour fut si long, c'est que je ne pouvais pas revenir à Constantz à travers le plateau tout en poussant devant moi mes dix fûts de carburant pour avion. J'étais en mission ordonnée par la Compagnie, je commandais le camp d'aviation et j'avais un dépôt d'essence en compte. Je devais attendre ma relève, quoi qu'il m'en coûte. J'ajoute que j'ai beaucoup appris auprès de ces gens.

Le juge d'instruction, plus anonyme dans son costume marron fripé et cradoque qu'un clochard parisien, parait ébranlé par ce discours. Il n'a pas l'habitude que des prévenus pour « haute trahison et désertion », c'est ce qui figure sur l'acte d'accusation qu'il lui a lu d'entrée de jeu, lui tiennent tête avec des arguments patriotiques. Il grimace un vague sourire de pure forme qui montre une belle rangée de dents noircies par le tabac, et rallume son cigarillo pour se donner le temps de réfléchir, un cigarillo noir et tordu qui aussitôt empuantit l'atmosphère. Il tente de reprendre la main.

– Et les messages radio que vous expédiiez chaque matin aux rebelles ?

Depuis neuf jours Damien est enfermé dans une cellule de haute sécurité, dans la prison militaire de Mater. Un ancien fort aménagé qui date du temps de Bajazet quand l'empire Ottoman avait établi-là une garnison militaire chargée de protéger les pirates barbaresques qui bossaient pour le grand Turc. Pour éviter de se faire couler en retour par des proies mauvaises coucheuses, ils se réfugiaient dans le port de Mater après avoir pillé les navires marchands de toutes nationalités qui croisaient en Méditerranée. Ces pirates visaient l'or et les cargaisons des navires, mais aussi les voyageurs qui étaient rapidement vendus comme esclaves. Ou jetés par-dessus bord s'ils ne correspondaient pas aux critères d'emploi. Ce qui ne plaisait à personne dans l'Occident comme on s'en doute... Les temps ne sont plus à la piraterie et le fort sert de prison à toute une faune d'insoumis, de prédateurs et de malfaiteurs. Dans les cellules voisines ce ne sont que déserteurs, rebelles et poseurs de bombes, qui attendent de passer en jugement. Ces gens-là ont un moral du tonnerre bien que la guillotine, pour les déserteurs considérés comme des criminels, ou le peloton d'exécution pour les autres considérés comme des soldats, fonctionne une fois par mois et pour des paquets de dix clients au moins. On groupe les exécutions par souci d'économie.

Il n'y a que Damien qui n'a pas le moral. En huit jours il est devenu une sorte de gros mollasson qui passe son temps à se curer le nez, à s'épucer et à compter les cafards qui traversent sa cellule en longs bataillons. Il n'a pas comme ses voisins immédiats, les quelques trois traitres espéranzais et la demi-douzaine d'espions le sentiment désabusé d'avoir été rattrapé par la justice et de payer pour ses erreurs ; la mort plane sur eux qui les rend plus doux et serviles que les esclaves eunuques des Barbaresques. Pour les nombreux rebelles capturés et auteurs de crimes de guerre, qui disposent des béquilles de l'idéologie en vogue à Tenebra, c'est l'heure de gloire. Ils ont le sentiment d'être les martyrs d'une cause qui les transcende. Dans les promenades, surveillés depuis des miradors armés de mitrailleuses, ce sont les plus bavards. Ils donnent l'impression d'un courage et d'une énergie hors norme. Ils gesticulent, parlent forts, discourent, argumentent avec le vocabulaire débile des fanatiques et attirent à eux les autres prisonniers comme autant de curieux, parfois sympathisants. Damien les écoute et se demande sur quelle planète il est tombé..

– La Russie et l'Armée Rouge, alliée fidèle de Tenebra et le plus gros fournisseur d'ordures, va venir nous délivrer, glapissent-ils. Les Russes vont envoyer les Tatars et les Cosaques qui ravageront ce pays de merde jusqu'à l'os. Ils baiseront les femmes et les filles, sodomiseront les flics et les charcutiers (sic). Ou alors, si l'Armée Rouge ne peut se déplacer, ce sera L'Afghanistan et ses barbus, ou encore Ibn Saoud et son invincible armée. Peut-être même l'Iran ses saints martyrs et son peuple prêt à donner sa vie pour Tenebra. C'est pour demain ou après-demain. Et notre Dieu, si pacifique et amoureux de l'humanité, maudira ces mécréants jusqu'à la dernière génération. Il les fera griller en enfer pendus par les couilles au-dessus des braséros.

– Et les femmes ?

– Pareil.

Ce baratin fini par faire rire les autres détenus. Ces braillards sont évidemment les premiers à être fusillés. Mais il en apparait toujours un qui sort du lot et reprend le flambeau et la harangue. Laquelle ne change guère d'un taulard à l'autre. En ce qui concerne Damien, son héroïsme c'est aujourd'hui de tenir tête au juge, alors que cela ne lui était jamais arrivé depuis qu'il est prisonnier. Cela le ragaillardit un petit peu. Il le regarde dans les yeux au lieu de baisser le nez comme un coupable, ce que lui recommandent pourtant les matons. « Quand on est un traitre à sa patrie, on ne fait pas le fier ! », grondaient-ils en lui donnant des coups de gourdin sur les mollets.

– Les messages radio ? Bégaye-t-il, surpris.

– Les messages codés que vous envoyiez à vos amis rebelles. Le juge sort un papier d'une serviette en cuir jaune paille dont les fermoirs dorés et bien astiqués attirent le regard. Damien a un éblouissement à chaque fois qu'il manipule sa fichue serviette car le soleil tape dur par la fenêtre et sur les fermoirs en particulier. Et puis il est sous-alimenté, un bol de soupe claire le soir et un verre de lait de chèvre le matin, c'est tout. Et pourtant il a grossi d'aux moins dix kilos, allez comprendre. La table de travail du juge ou repose la serviette jaune est encombrée de dossiers, de mégots, de boîtes de cigarillos vides et de trois téléphones dont bizarrement pas un ne sonnera durant les interrogatoires. Jusqu'à présent ce ne furent que des interrogatoires de pure forme, nom, prénom, vérification d'état-civil. Aujourd'hui on est entré dans le vif du sujet.

Il a, dès le premier jour, indiqué dans quel secrétariat de Delta se trouvait le double de son ordre de mission qui l'expédiait à Béni Farès, car l'original avait brûlé avec ses affaires, en même temps que le reste du village. Par un vrai miracle ce double a été retrouvé sans difficulté dans les archives. Le commando Delta, commandement, cadres et avions, lui apprend-on par la même occasion a été dissous, mais il reste encore une poignée d'archivistes à Constantz qui n'ont pas paru surpris par son arrestation. Rien ne peut surprendre un archiviste habitué à fouiller l'Histoire, petite et grande. Quand même, l'ordre de mission en a bouché un coin au juge d'instruction. Il pensait certainement que Damien s'était rendu à Béni Farés de son propre chef. Il ignorait visiblement où se trouvait le village et n'avait pas cru nécessaire de se renseigner, même pas en le pointant sur une carte. Cette négligence a donné du courage à notre héros pour lui tenir tête durant les interrogatoires.

Pour l'instant Damien s'ankylose et passe d'un pied à l'autre, debout devant la table de travail du magistrat, pendant que celui-ci fourrage dans sa serviette jaune. La pièce étroite comme un couloir, basse de plafond aux murs peints d'un marron clair pisseux taché d'insectes écrasés, principalement des moustiques, donne sur la mer par une étroite fenêtre. Dès qu'il le peut, Damien se gave de la vue d'un morceau de mer, du port et de ses quais encombrés de filets et de paniers, des bateaux qui entrent et sortent du port à toute heure, bateaux de pêche pour la plupart. Parfois un gros croiseur pointe ses tourelles et ses canons à l'entrée du port, débarque quelques matelots en canot, puis repart. Dans sa cellule, il ne voit le soleil que le matin par un petit soupirail situé à deux mètres de hauteur. Le juge, enfin, sort un papier d'une chemise rose.

– La souris verte ne court plus dans l'herbe, lit-il. Le petit chaperon rouge n'est qu'une petite pute. Très amusant n'est-ce pas, un de nos plus beaux contes, défiguré de la sorte ! Je continue. Bambi mérite la fessée. Les sept nains ne sont plus que six. Marie trempe ton pain dans la soupe… Je n'en cite pas plus. Nous avons les enregistrements effectués par « les grandes oreilles » américaines dont les avions espions circulaient tous les jours dans votre coin. Ce sont des messages qui les ont beaucoup étonnés et pas amusés du tout. Certains reviennent régulièrement, d'autres sont épisodiques voire uniques… Qu'est-ce que cela signifie ? Répondez !

– Mais rien, cela ne signifiait rien. Comme personne ne me répondait je jouais à Radio Londres pour tuer le temps. Et, puisque vous m'en parlez, je vous signale que le petit chaperon rouge est autant allemand qu'espéranzais.

Comment lui faire comprendre que je me morfondais dans mon trou, s'interroge Damien, que j'avais l'impression de parler avec des amis même si personne ne me répondait. Après tout, les gens de Londres ne recevaient pas de réponses non plus. Comment lui faire admettre à ce têtu que je manquais peut-être aussi d'imagination.

– Votre procès est pour après-demain, grogne le juge en rangeant ses papiers dans sa serviette jaune. J'ai fait mon boulot. Après, soupire-t-il en ajustant son panama sur ses rares cheveux gominés à outrance, ce sera la routine. Il consulte le calendrier mural. Vous serez fusillé ou décapité dans une quinzaine de jours.

Damien s'en fiche. L'incendie du village, la mort des Mohamed ben Mohamed père et fils, celle de Fatima et ces interrogatoires sans queue ni tête, l'ont maintenant anesthésié. Tout ça ne serait pas arrivé si on était venu le chercher à temps… Delta a fait mouvement ? Depuis quand ? Où est-il maintenant ? Peu importe dans le fond, une chose est sûre il ne retrouvera plus jamais sa sérénité et son envie de vivre. Il a oublié Regina et petite maman, un vrai lavage de cerveau. Ni l'une ni l'autre d'ailleurs ne sont venues lui rendre visite et il ne le souhaite même pas. Elles ont invoqué des excuses. Regina, par exemple, est au mieux avec le chef de la police politique de la Corée du Nord et ne peut pas, pour l'instant, revenir au pays. Petite maman, de son côté, éduque un jeune homme à peine sorti de l'école des Sciences Politiques d'Esperanza. Un garçon promis à un bel avenir de député et de gaspilleur d'argent publique. Elle n'a pas de temps à perdre en visites improductives auprès d'un fils si décevant.

De toute manière, Damien n'a plus besoin d'elles, il a vieilli, il vit avec le fantôme de Béni Farès, de la totalité de Béni Farès. Il donnerait cher pour savoir ce que sont devenus ceux qui ont survécu, s'il en reste. Beaucoup avaient respiré l'air brûlant et certains même avaient été brûlés plus ou moins gravement. Seul le gros sergent est passé le voir, pour se confesser et se faire pardonner, lui parler de Dieu, de sa miséricorde, de l'aspirant et de Béni Farès. Lui demander même le pardon pour tous ! Car, jurait-il, ce n'était pas sa faute ni celle de ses hommes mais celle de l'aspirant, une bleusaille, un petit gars avec un bon fond malgré tout, qui avait obéi aux ordres sacrées …Et un peu aussi de la faute de la Providence qui n'était pas intervenue pour redresser une situation qui partait en vrille. Raser un village, oui, tuer quelques habitants pourquoi pas, mais réduire une section de combattants bien portants et véloces en troupeau d'estropiés, non. Il ignorait bien entendu le destin des malheureux Bénifariens abandonnés à leur sort, sans toit ni nourriture. Damien avait bien compris aussi qu'il s'en fichait et qu'il était prêt pour d'autres missions.

28

– Vous avez fait échouer une vaste opération dans les monts Pelu laquelle, d'après notre état-major, nous aurait définitivement débarrassés des rebelles ! Une victoire définitive et méritée ! braille le gros rouquin qui tient le rôle du ministère public dans son procès.

Le motif de « haute trahison et désertion » n'ayant pas été retenu faute de preuves, Damien effaré découvre qu'il est jugé pour avoir fait échouer une vaste opération militaire avec ses messages. Bien que ses geôliers lui aient distribué baffes sur baffes, des giclées de gégène dans les parties intimes et des apnées involontaires dans une baignoire en complément d'une semaine de privation de sommeil, il n'avait pu leur donner la signification de son code. Il avait eu beau leur gueuler à la figure que c'était pour rire, par jeu, ils insistaient.

– On ne trahit pas pour s'amuser ! gueulait le petit sournois qui l'interrogeait en lui triturant les testicules avec une grosse pince. Vous avez fait échouer une opération de Marcel Bignard ! Vous vous rendez compte ? De Bignard ! Salaud ! Alors ce code ? Qu'est-ce que ces phrases signifiaient ?

Censé avoir fait échouer une opération de Bignard, rien que ça ! Pris de court, Damien raconte au tribunal son séjour dans les moindres détails, y compris ceux ayant trait à son arrivée. Il décrit, situe géographiquement le village, donne un aperçu des mœurs. Il sent l'impatience des juges, mais il risque sa peau nom de Dieu ! On lui doit bien ça. Il explique posément au président du tribunal, que les rebelles qui, avant son arrivée, se ravitaillaient à Béni Farès en moutons et en eau - ce qu'ignorait l'état-major, avait admis le juge d'instruction Pierpont de Saussaie lors de son interrogatoire - avaient quitté la région par amitié pour Ali, le chef du village, dès que lui Damien était arrivé. C'est-à-dire huit jours avant que ne se déclenche la fameuse opération de Bignard « Victoire unique ». Et qu'aussi si on n'avait pas bâti un terrain d'atterrissage sur ce plateau, il ne serait jamais allé là-bas faire le Chef du terrain d'aviation. L'opération « Victoire unique » se serait alors bien déroulée et le jeune Mohamed, défunt agent de liaison avec les rebelles, vivrait encore. Le puits de Béni Farès et le village seraient encore là pour les siècles à venir et l'honorable tribunal l'aurait ignoré jusqu'au dernier de ses vieux jours.

– J'espère, messieurs les magistrats que vous goûtez tout le sel de ce raisonnement, grince le ministère public. Ce misérable veut nous faire croire que les rebelles ont fui pour ne pas attirer d'ennuis au village lorsqu'il s'est pointé en chemise bariolée et lunettes Ray Ban. Que se serait-il passé si c'était Bignard en personne qui avait débarqué pour garder ces bidons d'essence ? Je vous le demande ? Peut-être les rebelles seraient-ils tous repartis pour Tenebra sans demander leur reste, et en courant encore ? C'est à mourir de rire. Ha, ha, ha !

Les trois magistrats qui jugent Damien sont bouche bée et s'ils ne rient pas on n'en est pas loin. C'est à cet instant qu'un jeune avocat à lunettes, désigné depuis peu pour le défendre, prend la parole.

– L'unité Delta, dans laquelle était affecté ce soldat, a été dissoute vingt-cinq jours après son départ pour Béni Farès. L'échec de l'opération « Victoire unique » y est pour beaucoup. Le personnel opérationnel a été dispersé, sur ordre du troisième secrétaire adjoint au directeur des Ressources humaines chargé de la « Gestion du personnel », porte n°4 au 5ème étage d'une annexe du ministère de la guerre, 12 rue Bab Azzam. On peut vérifier. Ceci dans le cadre officiel du rajeunissement des combattants. Certains mêmes ont pris leur retraite comme Michon que notre prévenu appelle le Directeur. Personne ne s'est souvenu dans le désordre ambiant que le prévenu attendait sa relève à Béni Farès. Ou on ne voulait pas s'en souvenir.

– Modérez vos propos, maitre, grince le ministère public. Vous soupçonnez à tort et sans preuves des personnes particulièrement dignes de foi.

– Certainement et pardonnez-moi. Mais permettez-moi de citer le retraité Michon qui, lorsque je l'ai rencontré, estimait que le prévenu était beaucoup plus rentable à faire le « pingouin » à Béni Farès, ce sont ses termes, qu'à bord d'un avion. Ainsi personne ne s'est occupé de le rapatrier, surtout après l'échec cuisant de l'opération pour lequel il n'est strictement pour rien. Si les ondes verticales produites par le poste P300, dont il se servait peuvent atteindre des avions volant à une altitude d'environ 3000 mètres, -et bien plus haut encore pour les avions espions US qui ont des moyens sophistiqués de réception-, à l'horizontal le moindre mouvement de terrain, le plus petit caillou les arrête. À cent mètres de l'émetteur, même sur terrain plat, les ondes sont déjà très affaiblies. Après un kilomètre on ne reçoit plus rien. J'ai fait l'essai. Les rebelles qui étaient, à vol d'oiseau, à plus de dix kilomètres, ne pouvaient donc pas l'entendre. Je n'invente rien, c'est dans la notice d'emploi que je me propose de faire circuler.

Quant au code secret de ses messages, permettez-moi d'en rire. Ils ne signifient rien et ont été calqués sur ceux de la France Libre. Envoyés sur les ondes de Radio Londres par ce génie qu'était Pierre Dac, ils étaient destinés aux résistants français. Evidemment, nous sommes loin, très loin de Pierre Dac avec ce prévenu dont le coefficient intellectuel est tout à fait ordinaire, comme tout le monde dirais-je, mais dont l'honnêteté est irréprochable. Certes ses notes dans la Compagnie ne sont pas des meilleures et ne plaident pas en sa faveur : Il est qualifié de bringueur, de fainéant, de débauché et d'ivrogne par Michon qui, inutile de le préciser, ne l'appréciait pas du tout. En conclusion, on peut dire, monsieur le président qu'il a été oublié à Béni Farès et que sans son sens du devoir et sans l'amitié des gens du village il serait mort de faim aujourd'hui… La responsabilité de la Compagnie et de l'État est donc largement engagée…

Damien n'est plus là. Il pense à Fatima, à Ali, à la bande des Mohamed, aux gamins Chewing-gum et Caramel et une grosse larme roule sur sa joue.

Le juge d'instruction Pierpont de Saussaie l'attendait à la sortie du tribunal l'index tendu et vengeur.

– Vous êtes libre mais ne faites pas le malin. On vous retrouvera à un moment ou un autre de votre vie. Et là vous ne couperez pas de la guillotine, faites-moi confiance ! Vous êtes du terreau dont on fait les criminels, c'est moi qui vous le dis. D'ailleurs ma maman et mon ami pensent comme moi et ont des frissons d'horreur rien qu'en voyant votre photo. Quelle idée aussi de vous associer à un cueilleur d'asperge et de coucher avec sa pauvre mère, rien que pour ça vous mériteriez de croupir en prison, voyou incestueux. On se retrouvera dans pas longtemps, c'est moi qui vous le dis car vous ne pourrez pas vous empêcher de faire une connerie.

– Vous m'avez convaincu monsieur le juge. Passez- moi donc votre pochette que je me mouche et essuie mes larmes.

Pierpont de Saussaie n'était pas plus méchant qu'un juge d'instruction lambda mais c'était un obstiné, une sorte de Javert qui comme ce dernier ne lâchait jamais une piste lorsqu'il la croyait être celle d'un criminel. Sorti culot de toutes les écoles et lanterne rouge de celle de la magistrature, il compensait son absence d'intelligence et de compréhension de la nature humaine par un zèle énorme et bouillonnant. Homosexuel grassouillet et triste, il vivait entre sa mère et son amant. Ce dernier, un rabbin orthodoxe, poussiéreux et tonitruant militait et récoltait des fonds pour la reconstruction du temple de Salomon, détruit dans Jérusalem en -586 par Nabuchodonosor II. Il prévoyait de le reconstruire sur l'une des collines verdoyantes à la sortie de Mater. Un projet en partie financé par les juifs américains qui avait le soutien d'Israël et de son gouvernement ravi d'être débarrassé du mur des lamentations, de ses adorateurs en transes et des ennuis afférents. Il avait même fait fabriquer une copie de l'Arche d'alliance et des chandeliers volés par les romains du général Pompée et disparus depuis. Mais tout cela nous éloigne, une fois de plus, de notre histoire.

29

C’est comme ça, après son « non-lieu » qu’il a reçu les excuses officielles d’Esperanza et de la Compagnie. Réintégré comme pilote et aussitôt démissionnaire, il a fondé une petite entreprise d’avions- taxis. Il lui arrive, lorsque la nostalgie le prend, de survoler les ruines de Béni Farés. Vues du ciel, ce ne sont que murs déchiquetés et noircis, ouverts sur des ventres pleins de cendres. Alors, le cœur gros il tourne en rond dans le silence du plateau où la vie s’est enfuie. Seul le drapeau, presque intact, pendouille au mât auquel il l’avait accroché. « Vous êtes tous d’Esperanza maintenant » leur avait-il dit.

– Merci beaucoup missi li général, lui avait répondu l’ancien tirailleur en lui serrant chaleureusement la main.

Deux jours après le procès, il a retrouvé Ali sur l’aérodrome de Constantz. Damien prévoyait d’y installer sa future compagnie d’avions-taxis, des « Ronfleurs » de dernière génération. Ali, comme par le passé, voulait apprendre à piloter. L’envie ne l’avait pas quitté. Sur les conseils de l’avocat de Damien qui connaissait ses projets, Ali savait y rencontrer notre héros dont il avait suivi le procès de loin, sans oser ni pouvoir intervenir. Un mois auparavant, il s’était rendu dans un commissariat pour porter plainte à la suite de la destruction de Béni Farès et de l’assassinat de Fatima et des Mohamed père et fils. Il l’avait fait comme député de Béni Farès ce qui avait fait sourire, car un vrai député existait évidemment, lequel représentait la presque totalité des masures et hameaux du plateau des Chèvres. Il était d’ailleurs en fuite à l’étranger car recherché pour corruption. Pour l’affaire de Béni Farès il y avait prescription, lui fut-il répondu, en citant une récente loi d’amnistie, et les faits de guerre ne sont pas justiciables d’un tribunal ordinaire. Bref, il avait été poliment reconduit et sa plainte avait fini à la déchiqueteuse.

Ils ont passé la nuit à boire de la bière et à évoquer Béni Farès. Damien brûlait de savoir ce qui s’était passé après son départ.

– Au petit matin, raconte Ali, après que les soldats furent partis en t’emmenant, le village a enterré ses morts, dont Fatima. Ensuite, les jeunes et les vieux, les hommes et les femmes, indemnes comme blessés, se sont réunis près de ce qui restait du puits. Les frères Ben Hadj qui savaient maçonner et qui avaient travaillé à Mater dans leur jeunesse, conclurent qu’il était impossible de remettre le puits en état et de rebâtir les maisons dans un délai suffisamment court pour que tout le monde soit à l’abri avant l’hiver prochain. Il y avait aussi les blessés à soigner, en particulier les enfants, qui avaient respiré l’air brulant… Les villageois, y compris les Mohamed, cette fois d’un avis opposé à celui d’Ali, choisirent d’aller se réfugier dans les montagnes Pelu, chez les rebelles. Ils n’espéraient plus rien d’Esperanza. Les hommes qui le souhaitaient rejoindraient l’armée des rebelles car il valait mieux, disaient-ils, par les temps qui courent, être du côté de ses ennemis que de ses amis. Même si on ne partage pas leurs convictions et leur idéologie. En échange, les rebelles, moyennant quelques moutons, se chargeraient d'accompagner les femmes, y compris les deux « mères » d'Ali encore vivantes, et les blessés vers les hôpitaux de campagne de Tenebra. La distance à parcourir pour les rejoindre n'était pas grande et cela devait ménager les blessés.

Ali leur recommanda de profiter de l'eau qui, exceptionnellement, tombait du ciel pour faire des réserves et de ramasser dans les ruines encore fumantes tout ce qui pouvait être sauvé, couvertures, récipients et vêtements. Puis, après des embrassades et des adieux sans fin, les Mohamed et les Béni Fariens s'en furent vers leur nouveau destin. Après avoir rassemblé son troupeau de moutons, brebis et chèvres, ses deux épouses et ses cinq gosses, chargé le dromadaire et l'âne du peu qui lui restait, Ali et les siens prirent le chemin de Mater. Une fois arrivé dans cette ville, il vendit ses bêtes, y compris l'âne et le dromadaire, puis lui et sa famille se rendirent à Constantz. Là, ils s'achetèrent une épicerie sur le Front de mer dont il confia la gestion à ses deux femmes puis il inscrivit ses enfants à l'école du quartier. Il avait renoncé à partir pour Tenebra avec les autres pour des raisons personnelles, disait-il.

– Et puis, je te savais en prison mon ami et je ne voulais pas m'éloigner, avoua-t-il. Plusieurs fois je m'y suis rendu pour te voir et à chaque fois on m'a refoulé. On me prenait probablement pour un rebelle qui mijotait un mauvais coup. Je savais aussi que je te retrouverais sur l'aérodrome. Ton avocat, un brave garçon m'avait dit que l'accusation ne tenait pas la route et que tu allais être libéré. Il m'avait fait part de tes intentions de faire l'avion-taxi, alors je me suis dit qu'on pouvait le faire ensemble. Mais il faudrait que j'apprenne à piloter…

En attendant, il avait acheté un camion pour faire des tournées d'épicerie dans le bled car des Béni Farès miséreux il en existait des quantités. Un camion allemand couleur kaki comme les meubles de la maison du Commandant du camp d'aviation. Meubles qui lui avaient permis de se faire beaucoup d'argent et d'augmenter son troupeau… En commerçant ainsi dans le bled, il avait l'impression de continuer à se rendre utile, tout en augmentant son pactole.

– Piloter c'est bien, avait soupiré Ali, avec un avion je pourrai faire des affaires avec les gens de partout. Même avec ceux de Tenebra, la putain de leur mère… Et de soupirer : il a fallu que les Béni Fariens perdent trois des leurs et que leur village soit détruit pour qu'ils entrent enfin dans la modernité. Enfin presque dans la modernité, car l'état d'esprit qui règne dans Tenebra ferait plus penser au moyen-âge mais c'est mieux qu'avant. Et surtout les gosses vont aller à l'école et recevoir une bonne éducation… Une éducation moderne et scientifique. Les religieux nous disent que dans le Coran Dieu a annoncé l'électricité, l'auto, l'énergie atomique et même l'avion. Mais nous, les croyants, avons refusé d'inventer tout ça, ce qui était parait-il à portée de main, sans doute par modestie et discrétion. Inch Allah.

Un jour, dans une rue étroite de la vieille ville de Constantz, alors que Damien depuis plusieurs semaines tournait autour de la cathédrale où officiaient Monseigneur, ses coadjuteurs et ses servants, voilà qu'enfin il aperçoit l'aspirant Jean-Marie Leymarie de Tiernac, en civil, qui sort d'un bâtiment de l'évêché. « Université du Droit Canon », est-il écrit sur une plaque de cuivre près de la porte. Ce jour-là, et les jours suivants, il se contentera de le suivre de loin et discrètement, au moins pour en connaitre un peu plus sur le bonhomme et sur ses habitudes. Chauve comme un vautour, avec des oreilles en forme de chips ratatinées, un menton boursouflé et balafré, le reste du visage couvert de croûtes et de pustules, l'œil droit définitivement clos, la tronche tordue de Jean-Marie faisait songer plus à un topinambour qu'à celle d'un playboy. Damien interrogea ses voisins. Le client est exécrable, hautain, venimeux pire qu'un scorpion ; il vit seul dans un quartier huppé et ne sort que pour se rendre à ses cours et à l'église.

Cinq jours plus tard, en fin d'après-midi, Damien qui l'attend caché dans une encoignure, fonce droit sur lui dès qu'il sort de son Université du Droit Canon. En l'apercevant l'aspirant couine, fait un petit bond de côté et tente de s'enfuir dans une ruelle. Par bonheur, il traîne la jambe droite, légèrement rétrécie, et apparemment il a du mal à utiliser un bras gauche qui se plie difficilement, ce qui freine ses mouvements. Un petit groupe de personnes qui sort d'une rue adjacente, involontairement lui bloque le passage. Damien pour ne pas intriguer les passants, après forces éclats de joie et embrassades, le prend par le cou, comme il le ferait du meilleur de ses amis d'enfance. Le bras toujours passé autour du cou, il l'entraîne vers un bar à putes qu'il connaît dans la rue Marthe-Richard toute proche de la cathédrale. Le bar « Des copains ». Une fois dans le bar, gentiment et fermement, il le pousse sur une banquette de faux cuir verdâtre dans un angle de mur. Laquelle banquette, tachée et branlante, semble dater de l'avant-dernière guerre, voire de l'enfance de Marthe Richard.

Une fois assis et à la demande de Damien, qui a commandé une bouteille de whisky et deux verres, Jean-Marie se raconte. Il n'en mène pas large et se contente de parler d'une voix hachée et en claquant des dents, un dentier apparemment qui bat la breloque tout en tendant un embryon d'oreille gauche devenue sourde. La table du bistrot est en bois blanc massif, maculée de ronds de vin rouge ce qui prouve que dans le quartier, malgré la cathédrale et la mosquée à moins de cent mètres, il n'y a pas que des buveurs d'eau bénite et de thé à la menthe. Damien, après avoir repoussé quelques jeunes dames sympathiques et délurées qui voulaient leur tenir compagnie et plus si affinités, l'oblige à boire de grands verres de whisky. Au troisième, Leymarie de Tiernac dans un hoquet bruyant se dresse et fait mine de s'enfuir. Damien l'immobilise du bras et du genou, le coince contre le coin de mur, puis le bloque par la lourde table qu'il pousse contre son estomac. L'aspirant prend conscience du danger qu'il lit dans les yeux de Damien. Il panique soudain, tremble de tout son corps et une large tache auréole son pantalon.

– Rassure-toi Jean-Marie, murmure Damien, je ne vais pas te faire de misères. Je veux que l'on boive comme deux vieux amis qui se retrouvent après avoir franchi vaillamment un certain nombre de tracasseries existentielles. Et comment va ton curé ?

– Mon curé ?

– Oui, le Monseigneur qui bénit tes scapulaires.

– Il va bien merci, grelotte le nouveau copain.

– Malgré tes bondieuseries, Dieu ne t'a pas arrangé. Les nanas doivent avoir de la peine à reconnaître un humain en toi. Et ta cousine Adeline, je parie qu'elle t'a fichu dehors avec tes abattis sinistrés et ta trogne de veau mort-né.

– Je m'en fiche. Maintenant, je veux être prêtre ou moine.

Ils ont l'air de deviser peinards dans leur coin pendant que le soir tombe sur Constantz. Une patrouille de gendarmes fait irruption dans ce havre de paix pour rappeler l'heure du couvre-feu et par la même occasion l'heure de fermeture du bistrot. Car les rebelles envahisseurs, loin d'avoir été massacrés et rejetés dans Tenebra, sont maintenant aux portes de la ville. Ils jettent des grenades dans les lieux publics et en particulier dans les bars, comme s'il s'agissait de tracts pour annoncer les prochains soldes. En bons pékins disciplinés les clients obéissent et se lèvent.

– J'ai mal à l'estomac, gémit l'aspirant.

– Ça va passer ne t'en fais pas. Au fait, malgré ton envie d'être prêtre, tu es toujours aspirant dans la Compagnie ?

– J'ai été réformé avec une pension à 90%. Tout ça, mon visage, ma jambe et mon bras, c'est votre faute. J'avais un bel avenir devant moi et vous m'en avez privé avec votre soute de carburant et votre bonne femme.

– Certainement. Il n'y a pas de doute, grimace Damien qui se retient de lui coller son poing sur une partie intacte de son visage. Au fait, bel ami, comment t'appelles-tu ?

– Vous ne vous en souvenez pas ?

– J'aurais plaisir à l'entendre par le trou qui te tient lieu de bouche, mon joli. Et puis, je n'ai pas beaucoup de mémoire. Alors quel est ton nom ?

– Leymarie de Tiernac, monsieur, Jean-Marie Leymarie de Tiernac.

– Ainsi ton pauvre père est le juge assesseur du tribunal qui m'a jugé ? C'est bien ça ? Quelle coïncidence mon bon Jean-Marie !

– Oui, mais il va démissionner. Le verdict à votre sujet n'a pas plu à la Compagnie, et surtout à Monseigneur l'évêque qui lui en a fait vertement le reproche. Pourtant, il a fait de son mieux car il condamne facilement à mort, mais ce n'était pas l'avis du président qui a écouté votre avocat avec trop de complaisance. Avec vous, il allait même fêter sa centième tête par une grande nouba dans le palais de justice. Il a fallu que votre avocat raconte n'importe quoi et foute tout en l'air ; jusqu'à vous faire libérer. C'est dégoûtant, deux belles carrières brisées par votre faute… Cet avocat quelle crapule ! un type marié civilement avec des enfants non baptisés qui ne regarde pas la télé et lit le Pingouin Enchaîné, un journal satirique de gauche. Maintenant je peux m'en aller ?

Lors du procès, les méprisables et stupides actions des Soldats de Dieu avaient été condamnées du bout des lèvres par le ministère public. On les mit sur le compte de leur jeunesse sans expérience et de leur foi qui mélangeait croisades et missions de simple police. « Investi d'un pouvoir modeste l'aspirant Leymarie de Tiernac en avait abusé », ce fut la conclusion du président du tribunal. De rage, le papa de Tiernac en aurait bouffé son chapeau. Pourtant pas de quoi fouetter un chat selon lui. « La destruction de Béni Farès, aurait pu être commis par d'autres », était-il intervenu. Sous-entendu par les rebelles. Aujourd'hui, dans le bar de la rue Marthe-Richard, l'ami Jean-Marie vacille et tangue en se dirigeant vers la porte. Il marche, plié en avant en se tenant au mur et aux tables. Damien, accoudé au comptoir et sous le nez du serveur qui range ses bouteilles, note l'adresse de la chambre du futur prêtre-moine.

– Bon, eh bien Jean-Marie tu vas aller te coucher mon lapin, dit-il en poussant la porte. Demain c'est dimanche et nous irons tous les deux, après la messe, casser la croute quelque part. Damien parle suffisamment fort pour que les passants et le mendiant assis pas loin l'entendent. Et on reparlera de Monseigneur, de ton papa, de ton avenir immédiat et tutti quanti. Je n'ai plus de raisons aujourd'hui d'en vouloir à qui que ce soit, pas plus à toi, qu'à Monseigneur ou à ton père ; le temps a fait son œuvre d'oubli. Si tu veux mon avis dans pas longtemps, j'irai leur rendre visite. Au moins pour qu'ils me bénissent.

Et gentiment Damien le prend par les épaules et l'aide à descendre du trottoir. C'est le moment que choisit un lourd camion allemand kaki chargé d'épicerie, eaux minérales, bouteilles de gaz, produits de nettoyage, fruits et légumes, caissettes et cageots qui bringuebalent sur la plateforme, pour virer sous leur nez sans ralentir ni prévenir. Et crac ! Voici que l'ami de fraîche date, l'ex -aspirant de la Compagnie et futur prêtre, disparait sous les roues, comme avalé par l'avant du camion sans pousser un cri. Et ce salaud de camion qui poursuit sa route à toute vitesse pour s'éloigner ensuite en direction de la mer ! Impossible même de noter son numéro tant sa plaque minéralogique est barbouillée de terre. Rien pour l'identifier, même pas la binette du chauffard caché derrière un parebrise teinté. La poisse ! Tout ça à cause de ce foutu couvre-feu qui oblige même les camions à se dépêcher de rentrer chez eux…

30

On enterra le corps tout raplapla de Jean-Marie Leymarie de Tiernac devant une équipe de guerriers très chrétiens délégués par la Compagnie à la demande de Monseigneur. Pas les abrutis qui détruisent Béni Farès tout de même ; ceux-ci, frais comme un œuf du jour, n'avaient ni trace de brulures ni handicap. Pendant l'office ils entonnèrent des cantiques d'une grande élévation spirituelle et débitèrent un flux intense de prières avec force génuflexions, présentez armes et mea culpa en veux-tu en voilà. Damien observait le juge et père du défunt qui priait et chantait encore plus fort que les autres. Ce qui ne l'empêchait pas de jeter en direction de Damien, et d'Ali qui avait tenu à venir, des regards étranges, mi-courroucés, mi-intrigués. Visiblement, il ne reconnaissait pas son ancien prévenu pas mal grimé pour la circonstance dont la perruque brune et la moustache tombante lui donnaient l'air d'un chanteur de bel canto. Notre héros, en tant qu'ami récent et compagnon de beuverie du défunt, fit ensuite un discours sur sa tombe, la main sur le drapeau qui emballait le cercueil. Un drapeau qui lui rappelait celui qui claquait au vent devant la maison du Chef du camp d'aviation de Béni Farès. C'est ce qu'il raconte à la petite foule émue des clercs, des séminaristes et des quelques étudiants de la faculté de Droit canon. Discours, ponctué de hochements de tête d'Ali, qui lui permet de repérer un vieil homme vêtu en clergyman, en qui il devine le Monseigneur. Âgé de presque cent ans, tout tordu et brisé, il débite, les yeux clos, force prières en latin et à mi-voix comme s'il était en relation téléphonique directe avec le bon Dieu et ses anges.

Damien, sous les applaudissements, exalte la piété de l'aspirant, son sens du devoir et de l'obéissance, son humanité. Et surtout comment Fatima Farès, l'enfant qu'elle portait en elle, et Mohamed Ben Mohamed père et fils moururent. Et comment le village de Béni Farès fut détruit par la faute d'un con minable qui se croyait à la tête d'une croisade et pour qui la vie humaine, en raison même de sa foi et de son obéissance vis-à-vis de l'Eglise, n'avait plus aucune valeur. Discours – très applaudi par Ali- ce qui plaira beaucoup au Très Haut et à Fatima, il en était persuadé. Ça les aidera à réceptionner Jean-Marie quand ils vont le voir arriver au ciel avec sa tronche toute cabossée et ses os en miettes. Le père du défunt et Monseigneur faisaient une gueule longue comme la rue Marthe Richard, justement, en entendant cette homélie. Il termine par le chant bien connu des admirateurs et des soldats du commando de police dans lequel avait officié le disparu :

Là où nous passons, que tout tremble
Et le Diable rit avec nous :
Ha, Ha, Ha, Ha, Ha, Ha, Ha !

Après l'enterrement et une fois chez lui, Damien a beaucoup réfléchi à la suite à donner à cette affaire. Puisque presque tout le monde dans ce pays balançait des grenades chez, et sur, son voisin, il a songé un moment à en faire autant. Il pensait dans ce cas au papa de Jean-Marie et au Monseigneur. Mais, le prévint Ali, le juge, comme son fils, obéissait aux ordres. Il ne servirait à rien non plus de pulvériser l'ecclésiastique. Ces gens-là sont immédiatement remplacés par d'autres qui font tout de suite du zèle pour se faire bien voir, alors autant garder les originaux. C'est ainsi qu'ils, les originaux, échappèrent, momentanément, au paradis. Mais pas pour longtemps car un récent rebelle descendu des montagnes Pelu, s'en prit au Monseigneur alors qu'en auto il allait bénir de nouvelles troupes. Il fit exploser une mine au passage de sa voiture et éparpilla du même coup dans la nature Monseigneur, son coadjuteur et un passager qui n'était autre que le papa de Jean-Marie. Quand on vous dit que les voies du Seigneur sont impénétrables...

Damien apprendra, lors d'une visite à Babalou, que Regina n'était toujours pas revenue de la Corée du Nord et que nul ne savait ce qu'elle y faisait encore, dans quelle ville du dit pays elle se trouvait et en compagnie de qui. Petite maman avait organisé une réception somptueuse, autant pour aider son protégé et le lancer dans le monde que pour honorer le retour de son fils prodigue et lui présenter des amies, des jeunes femmes d'excellentes familles, disponibles en tout. Mais Damien n'avait plus envie de faire la fête, pas plus que de se marier. Il voulait se consacrer désormais à gagner de l'argent en faisant son trou dans le fromage de la mondialisation. Il a tout de même rencontré Adeline, après l'avoir un petit peu cherchée dans quelques bars du port. À sa majorité, elle avait quitté son pensionnat pour mener une vie des plus saines sur les quais du port militaire de Constantz. C'est une très jolie fille qui danse à ravir en remuant le ventre et qui boit comme lui et pas que du thé. Il lui a raconté la mort de Jean-Marie et surtout son « acte de bravoure » à Béni Farès.

– Mon cousin Jean-Marie ? Un abruti parfait, un con fini et un fou dangereux, dit-elle après avoir avalé un triple whisky maison réservé aux jeunes filles.

Beau panégyrique ma foi, je n'aurais pas fait mieux, a-t-il pensé, comparé à mon oraison funèbre jugée trop longue, ce qui avait gâché le plaisir d'Ali. Cette rencontre avec Adeline avait lieu un soir triste de décembre quand, pour vous faire voir la vie en rose, après le whisky il n'y a que le champagne brut millésimé qui en soit capable. Elle était venue dans sa chambre pour regarder quelques photos récentes de Béni Farès prises depuis son avion. Et éventuellement partager sa couche car elle avait eu des mots avec sa logeuse. Une teigne ingrate qui fricote avec tout le monde y compris avec les rebelles qui trouvent chez elle le gite et le couvert. Ce qu'avait dénoncé haut et fort Adeline pour qui la lutte contre les rebelles n'était pas un vain mot, car elle était patriote jusqu'au bout des ongles. « L'honneur n'est pas un vain mot chez les Leymarie de Tiernac » lui murmura-t-elle dans l'oreille après la deuxième bouteille de champagne.

31

Quarante années ont passé.

Damien est toujours célibataire bien qu'il ait vécu avec Adeline quelques années fastueuses. Jusqu'à ce qu'il soit sans le sou. Durant les deux premières années après son procès, il a cru que Regina reviendrait à Constantz mais, selon sa famille, elle avait disparu pour toujours et bon débarras. Il a bien cherché à savoir ce que son ex-fiancée était devenue par pure amitié et curiosité, mais au-delà des préliminaires administratifs -la recherche dans l'intérêt des familles, les demandes dans différents consulats et ambassades-, il s'est heurté à un mur. Non parce que pour une raison mystérieuse on voulait lui cacher la vérité mais parce que tout le monde s'en foutait dans Esperanza comme dans le reste du monde. Lassé, il abandonna rapidement ses recherches.

Son idée d'avion-taxi fit long feu. Les trois premières années se déroulèrent sans anicroche. Il avait des clients, l'argent rentrait et il remboursait régulièrement la banque qui lui avait prêté ce qui lui manquait. Il avait touché un arriéré de solde, ce qui était normal, mais la Compagnie, ce qui était rare, lui avait octroyé en plus un dédommagement pour « préjudice moral » en s'appuyant sur un arrêté international ayant force de loi : L'arrêté Tapie. Ayant appris le montant, Pierpont de Saussaie lui avait envoyé une lettre furieuse dans laquelle il le traitait de « Profiteur de la faiblesse d'un état gangrené par la chienlit, d'affameur des pauvres, de voyou communiste et, étrangement, de foutue clarinette… »

La quatrième année fut d'entrée catastrophique. Alors qu'il transportait des jeunes mariés qui avaient trouvé ce moyen original pour réaliser leur voyage de noces, un pneu du Ronfleur éclata à l'atterrissage sur la piste de Mater. L'avion fit un « cheval de bois » et se retrouva sur le dos. Lors de cette galipette, la jeune femme fut tuée sur le coup et son compagnon eut la colonne vertébrale brisée. Damien en réchappa sans une égratignure. Les assurances dédommagèrent le jeune couple, ou ce qu'il en restait, mais refusèrent de rembourser l'avion. Il y eut un procès qu'elles gagnèrent en arguant d'un alinéa particulièrement confus du contrat qui ne prévoyait aucun remboursement en cas de faute professionnelle. Faute qui n'existait que dans leur imagination. Damien eut beau démontrer que le pneu était neuf, qu'il s'était correctement posé, l'avocat de l'assurance, sarcastique, lut devant le juge chargé de cette affaire les appréciations peu louangeuses de Michon. Aussitôt, Pierpont de Saussaie lui envoya un télégramme venimeux qui se terminait par : « Enfin puni. La justice ne te lâchera plus désormais. C'est bien fait, c'est une vengeance divine. Je te soupçonne même d'être pour quelque chose dans la mort de Jean-Marie Leymarie de Tiernac, le divin théologien. Mais à mon âge je n'ai plus la même audience auprès de mes amis magistrats, sans ça, crac ! Tu en prenais pour vingt ans. Assassin !»

Damien se retrouva donc au chômage et, une fois de plus, sans le sou. Petite maman vint à décéder. Il hérita d'un modeste pécule qui lui permit d'ouvrir une boutique d'instruments de musique et de pianos en particulier, la seule dans tout Esperanza. Un hommage tardif à celle qui aurait voulu qu'il devint un pianiste célèbre. C'est lors de l'inauguration qu'il reçut la dernière visite d'Ali qui venait lui faire ses adieux à la veille de ses soixante-dix ans. Il emmenait sa smala sous des cieux plus cléments et les Etats Unis avaient sa préférence. Il avait quelques problèmes avec son fils, le dernier né de sa troisième femme, qui voulait partir faire le djihad par les armes dans un lointain pays moyen oriental. Ali et son fiston en avaient discuté toute la nuit. « Tu pars faire la guerre sous la bannière d'un chef invisible supposé omnipotent qui se réfère à un bouquin illisible vieux de plus de mille ans, lui dit-il. Ce n'est pas sérieux. À qui demanderas-tu des comptes en cas d'échec ? Rien n'est plus pernicieux et méprisable que de jouer les moutons derrière un beau parleur, un camelot qui vous vend de la mort en se gardant bien de s'y frotter… Tu dois apprendre désormais à te passer de Dieu car il est entre des mains douteuses. »

– Finalement le gamin vient avec nous, dit-il soulagé.

Ils burent une bouteille de champagne en évoquant une fois encore Béni Farès, les Mohamed et Fatima tout en se félicitant de savoir Esperanza enfin en paix. On pouvait penser, Ali en était convaincu, que les Béni Fariens avaient fait leur trou dans leur nouvelle patrie. Il citait deux ou trois gamins et gamines devenus ingénieur, avocat ou médecin. Et d'autres qui gagnaient bien leur vie et qui s'occupaient de leurs vieux parents. Entre parenthèse, le gouvernement de Tenebra avait eu ce qu'il voulait, à savoir une partie de la chaîne de montagne Zebzeb qui servait jusqu'alors de frontière commune, et un accès à la mer avec le port d'Arkham ainsi que toute la plaine et les vallées environnantes. De quoi stocker tous les déchets de la planète durant encore cinquante ans. « C'est vraiment peu de chose affirmèrent les diplomates d'Esperanza qui avaient mené les tractations, à partir du moment où les rebelles rentrent chez eux tout va bien ». Le plus grand nombre était reparti effectivement pour Tenebra. Cependant, il restait, dans les mont Pelu, une petite poignée de récalcitrants qui estimaient qu'ils auraient pu obtenir plus et qui continuèrent à persécuter les villages proches de leur campement, au grand dam de la Compagnie. Mais Bignard n'était plus là pour leur faire la guerre. Il avait pris sa retraite et s'occupait de ses poules et de ses dindons dans son nouveau chez lui, en France au bord de la Méditerranée.

Damien accompagna Ali et sa famille jusqu'à l'embarquement et ils se dirent une fois de plus adieu, dans les larmes. Pendant de nombreuses années il reçut régulièrement de leurs nouvelles puis les lettres s'espacèrent pour s'arrêter définitivement au bout de dix ans car Ali atteint d'une maladie, la lettre ne précisait pas laquelle, venait de mourir à l'hôpital de Boston. Il laissait sa famille à l'abri du besoin, comme on dit, car il avait accumulé une petite fortune en fabriquant, et en vendant, des fromages « djbens » selon la recette de Béni Farès. Peu après le départ d'Ali, Damien perdit tout son stock d'instruments de musique à la suite d'un incendie qui ravagea son entrepôt. Pareille suite de catastrophes aurait dû réveiller sa foi en Dieu. Il n'en fut rien. Au contraire, il soupçonna même que ses maux avaient une origine humaine. Pour se refaire, il se lança dans la politique et se posa en champion de la laïcité et de la probité. Ce qui est plus que léger pour entrainer les électeurs de l'arrière-pays et bien faible pour devenir un programme de campagne à destination de l'élite.

Pour appuyer sa candidature, il s'appliqua à démontrer que ses malheurs ne pouvaient être attribués à une action divine mais plus sûrement à un mauvais concours de circonstances quand ce n'était pas à une affligeante intervention humaine. Et, dans le cas de son séjour à Béni Farès, plus encore à la négligence de la Compagnie. Il entreprit donc de rédiger ses mémoires. Il venait d'atteindre sa soixante-cinquième année. Le premier tome traitait justement de Béni Farès et comportait l'essentiel de ce qui est écrit dans le roman que vous venez de lire, cher lecteur. Le livre parut et fut bien accueilli. Damien pouvait se féliciter qu'une chose au moins dans sa vie puisse prétendre à être une réussite et il se lança dans l'écriture du deuxième tome. Il faut le reconnaître, le livre aussi bien écrit qu'il soit et traitant au mieux de l'universelle méchanceté, ne lui permit pas d'obtenir la députation. Il lui manqua cent voix, celles des bourgeois du cœur de Constantza qui lisaient peu et ne s'occupaient pas des sauvages de tous les Béni Farès du pays. Il dut se contenter d'un strapontin dans l'équipe municipale de la ville.

Un journaliste free-lance qui travaillait pour une foule de journaux français, anglais et italien, dont l'Osservatore Romano, Paris-Match, Elle et Je Suis Partout Charlot, parmi les plus connus, décida de reprendre point par point le récit de Damien et d'en vérifier la teneur.

– On est dans une période creuse, déclara-t-il au cours d'une interview télévisée (son statut de journaliste lui ouvrait naturellement les portes de la télévision nationale). Les idéologies, qui habituellement se battent par imbéciles interposés, ont décrété une trêve. Alors plutôt que de creuser dans les éternels « marronniers », je préfère me pencher sur de brillantes aventures humaines.

La première chose qu'il fit, tout naturellement, fut de se rendre à Béni Farès. Ce que n'avait pas fait Damien depuis longtemps. Sur les lieux le journaliste ne trouva rien. « Quelques amas de pierre, constata-t-il dans un journal, comme on en trouve dans les champs lorsque l'on se débarrasse de celles qui surgissent sous le soc pendant les labours, de la poussière et de l'alfa en quantité ». Et aucune vigne, faut-il le préciser et pas trace d'un quelconque aérodrome. Il ne put mettre à jour ni l'empreinte du puits, ni celle du trou qui avait contenu le mat et son drapeau. « Plus de quarante années se sont écoulées, écrivit-il, mais même si la pluie et le vent ont fait leur œuvre de destruction on devrait retrouver quelques vestiges. Or il ne reste rien qui permette de dire qu'un village existât à cet endroit. Ou alors, telle la ville de Troie, il était retourné à la poussière ainsi que les prétendus cadavres des fusillés, les Mohamed père et fils, et celui de la dénommée Fatima. »

Poussant ses investigations vers les villages environnants il n'avait découvert nulle trace de réfugiés provenant de ce fameux Béni Farès. « Les anciens, notait-il, se souvenaient de batailles contre les rebelles de Tenebra dans la montagne proche, du passage incessant des avions mais d'aucun incendie d'envergure qui aurait détruit un village ». Le Time, dans son numéro spécial espéranzais, sortit plusieurs articles complémentaires du journaliste, enrichis de photos et d'un texte posthume de monsieur Pierpont de Saussaie qui affirmait avoir la preuve de l'affiliation secrète de Damien au NKVD, à la mafia calabraise et à la bande de ruffians monégasques dite des « Bains de mer ». Dans ses écrits le journaliste réfutait point par point le récit de Damien et plus particulièrement la destruction de Béni Farès par Leymarie de Tiernac. Il accusait Damien, en passant, d'avoir tout inventé, et bien entendu d'avoir menti lors de son procès. Ce qu'affirma un policier à la retraite « des plus dignes de foi » dans une lettre posthume non signée. Naturellement les ventes de son livre s'effondrèrent. Damien voulut riposter, présenter des témoins, des photos, son éditeur l'en dissuada.

– Le livre de ce petit journaliste va me rapporter infiniment plus que le vôtre, alors mon cher Damien, laissez tomber.

Damien comprit qu'il ne trouverait jamais ni le bonheur ni la réussite. Fatima, tu me manques encore beaucoup, et aujourd'hui plus que jamais, se dit il en saisissant l'antique pistolet qu'Ali lui avait ramené de Béni Farès. Il l'avait trouvé sous les restes calcinés de Fatima, son corps l'avait plus ou moins bien protégé et Damien en souvenir d'elle l'avait remis en état. Il vérifia qu'une cartouche était montée dans la chambre, glissa le canon dans sa bouche.

Nom d'un chien ! se dit-il, il me reste encore quelques forces et quelques sous et il ne sera pas dit qu'une fois de plus je serai couillonné par un ennemi que j'ignore. Je vais reprendre à zéro l'enquête de ce petit crétin et il va entendre parler de moi. J'emporte aussi mon pistolet, il pourra me servir. Mettons le cap sur Béni Farès et tout de suite. En roulant toute la nuit je devrais pouvoir l'atteindre demain dans la matinée…

Oui mais voilà, ébloui par le soleil d'été, il s'immobilisa un instant sur son seuil comme il l'avait fait chez Ali le jour de son arrivée à Béni Farès. Son sac, moins lourd que celui de cette époque, pesait quand même et aujourd'hui lui tirait le bras. Dans son modeste jardinet le bougainvillier était en fleurs et les citronniers dans la rue dégageaient un intense parfum. Sa voiture, une belle allemande -les recettes de son livre-, était garée un peu plus loin.

À cet instant le téléphone se mit à sonner.

32

La voix, au téléphone, était feutrée, un peu rauque, lointaine aussi et étrangement lente. Il pensa que son interlocuteur utilisait un de ces nouveaux appareils qui permettent de déguiser la voix à sa convenance. Il soupira. Encore un gêneur, ou un robot pour la vente à distance. Pourtant.

– Depuis quelques jours je vous observe. Je n'ai que cela à faire maintenant. J'ai quitté mon travail il y a un mois et je me suis mise à votre recherche. J'ai des choses à vous dire.

– Qui êtes-vous ?

– C'est moi qui aie tué le gamin sur le toit lorsque nous sommes venus vous arrêter à Béni Farès. Vous vous en souvenez ?

– Si je m'en souviens ! s'exclame Damien. Je n'ai fait que penser à cet énorme gâchis durant plus de quarante années ! ... Et j'y pense encore. Mais d'après ce minable de journaliste rien ne se serait passé et Béni Farès n'aurait jamais existé !

– Oui, j'ai lu ça. C'est faux évidemment. Il y a pas mal de temps, peu après votre second procès, celui des jeunes mariés, la Compagnie a décidé d'effacer Béni Farès, de le gommer comme s'il n'avait jamais existé. Tout ce qui restait du village a été enterré à six mètres de profondeur. J'y étais. Je conduisais une pelleteuse. On a même replanté de l'alfa sur le site. Des spécialistes en bourrage de crâne se sont rendus dans tous les bleds alentour pour convaincre les habitants qu'il ne s'était rien passé à Béni Farès et qu'au contraire la Compagnie avait chassé les rebelles des montagnes. La tâche était facile, ils n'étaient reliés à aucun réseau d'information et se fichaient des rebelles et de Béni Farès comme de leur première dent. Ils pensaient surtout à survivre dans un milieu particulièrement hostile. Il faut dire que peu après votre premier procès et surtout après celui des jeunes mariés -accidentés par votre faute-, la Compagnie a été harcelée par quelques historiens et de nombreux journalistes qui cherchaient à en savoir plus sur vous et sur Béni Farès. Pour ne rien arranger, le juge d'instruction Pierpont parlait de vous en termes peu flatteurs à la télévision et dans les journaux sans se soucier du secret des instructions. De quoi attirer l'attention du plus indifférent. Il fallait prendre des mesures, pour sauver l'honneur de la Compagnie. On a choisi de tout faire disparaitre. Hélas ! votre livre, très précis, est venu tout relancer. Et pour ne rien arranger la Compagnie a appris que vous prépariez une suite....

– Pourquoi dites-vous : Hélas !

– Hélas pour vous ! Vous allez comprendre.

– Vous avez fait carrière dans la Compagnie ?

– Oui. À quelques années de la retraite on m'a fichue dehors. Je suis malade, incurable. En partie d'ailleurs à cause des remords qui ne me quittent pas. Je me disais sans cesse : pourquoi ai-je tiré sur cet enfant ? On fait dans notre vie des choses parfois qui polluent ensuite l'air que l'on respire, où que l'on soit. Nous n'étions pas menacés, même si ce crétin d'aspirant nous avait fait un laïus avant de partir comme quoi nous nous rendions dans un repaire de rebelles et qu'il fallait ouvrir l'œil et ne pas hésiter à faire feu. J'avais un peu moins de vingt ans et c'était la première fois que j'effectuais une mission pour la Compagnie. Je m'étais engagée quinze jours avant.

– La chaleur de l'incendie, pour votre maladie…

– Non. Je n'ai pas souffert de l'incendie. Après le coup de poignard du père de ce pauvre jeune homme, l'infirmier m'a emportée dans un camion pour me soigner. C'est comme ça que j'ai évitée d'être défigurée et d'avoir les poumons grillés comme mes collègues.

– Je vous crois, mais pourquoi venir me raconter ces choses vieilles de quarante ans ? Et que me voulez-vous ?

– Je veux vous prévenir et ainsi me faire pardonner, avant de rendre mon âme à Dieu. La Compagnie et surtout ses plus hauts responsables, cherchent à vous éliminer car ils pensent que vous avez assez de preuves pour contredire le futur livre du journaliste et relancer, une fois de plus, l'affaire Béni Farès. Et nuire à ses intérêts, qui par parenthèse, sont plus importants qu'on ne l'imagine. Surtout ne sortez pas de chez vous et n'ouvrez à personne… Je sais cela fait film de série B et mauvais polar, mais soyez sur vos gardes… Cela m'a fait du bien de parler avec vous. Accepteriez-vous de me recevoir ?

– Bien sûr. Vous me direz quels sont ces intérêts si importants. Mais pourquoi avez-vous déguisé votre voix ?

– Je n'ai rien déguisé du tout. J'ai trop fumé voilà tout et chez une femme les cordes vocales sont plus fragiles que chez un homme. Et puis j'ai soixante ans…Peut-être qu'aussi, malgré l'éloignement, elles ont subi un peu les effets de l'incendie. Je vais vous envoyer ma photo par l'Internet. Comme ça je ne serai pas une inconnue pour vous quand je viendrai sonner à votre porte. Rendez-vous dans deux jours.

Damien fut retrouvé mort, assis, ou plutôt enfoncé, dans l'un des fauteuils de son salon, un verre qui avait contenu du whisky dans sa main. La mort remontait à quatre jours. C'est le livreur d'un restaurant italien voisin qui avait l'habitude de lui amener son déjeuner tous les mercredis à midi qui, ne le voyant pas ouvrir sa porte, a averti la police. En principe, expliqua-t-il, il prévenait quand il s'absentait.

Damien était mort, empoisonné par du cyanure. Aucun indice particulier ou insolite ne fut relevé dans la maison. Celle-ci était en ordre et propre, les armoires et placards bien rangés, les tiroirs du bureau ne renfermaient que des factures et des papiers très ordinaires. Le disque dur de son ordinateur ne contenait que des informations peu compromettantes sur son passé, photographies, archives familiales. Sur une dizaine de lignes tapée sur sa vieille machine à écrire Olympia, Damien avouait avoir inventé toute l'affaire autour de Béni Farès. « J'ai voulu faire un roman, écrivait-il, pour montrer l'impact néfaste d'un corps étranger avec ses habitudes et sa manière de vivre introduit dans un système qui se suffit à lui-même. J'ai voulu aussi exposer l'extrême indigence qui frappe les individus et le délabrement de leur milieu naturel qui s'ensuit, lorsqu'ils sont abandonnés par l'Etat. Dans cette société fermée, appelée Béni Farès, recroquevillée sur elle-même, j'ai voulu montrer que l'apport de la religion, s'il n'est pas déterminant pour la survie, crée cependant des habitudes, une forme de fraternité et des lois suffisantes. J'ai conscience d'y avoir calomnié la Compagnie et je m'en repend. Pardon. »

Le verre n'avait contenu que du whisky d'une marque japonaise. Le salon était propre et même, selon la femme de ménage qui venait une fois par semaine, soigneusement nettoyé, bien mieux que lorsque c'était Damien qui s'en chargeait.

– Comme s'il avait prémédité son suicide en effaçant les traces trop humaines de son existence, dira un inspecteur en parlant de la maison si bien rangée. Après avoir bu une bonne dose de gnole il a gobé le cyanure. C'est comme ça que je vois le déroulement des événements...

Lors de l'autopsie, une clé USB en très mauvais état fut retrouvée dans l'estomac de Damien. Mais la police ne put l'ouvrir. « Elle contenait peut-être des informations intéressantes ; on ne le saura jamais », remarqua ce même inspecteur un rien désabusé, en confiant l'objet à l'auteur de ces lignes. Je me souvins alors d'une conversation avec Damien à l'heure de l'apéritif il y a un an de cela : « Les fous de Dieu, les fanatiques de n'importe quel dieu, sont plus dangereux que la pire des maladies et de très loin. Avec eux pas de période de latence. Il vous tuent sans remords et en un clin d'œil puis s'en vont tranquillement, l'âme sereine. La pire des choses… Une intoxication de la conscience. »

La police termina rapidement son enquête et la justice conclut au suicide. Fermement. Définitivement.

FIN

Printed by Books on Demand GmbH, Norderstedt / Germany